Alexander Rieder

# Back ma's

## Ofenfrisches Alpenglück

blv

# Inhalt

# Vorwort

Back ma's! Das ist der Leitspruch, gehen wir es an, schaffen und erschaffen wir etwas. Korrekt heißt es natürlich »Packen wir es an!«, aber diese dialektische Verspieltheit ist zugleich Motto, wie auch themengebend für dieses Buch. Begeben wir uns doch auf eine Wanderschaft durch und über die Alpen mit ihrer kolossalen Vielfalt an Dialekten, Kulturen und Traditionen.
Das Backen ist eine dieser wunderbaren Traditionen. Betreten wir ein Haus oder einen Ort, an dem gerade frisch Gebackenes seinen Duft verbreitet, wird man kurz verweilen. Diese vertrauten Gerüche von geröstetem Mehl und Sauerteig, Fenchel, Kümmel und Anis. Es duftet nach frischem Brot, Sinnbild für Leben, für Gemeinschaft und für Gastfreundschaft. Versüße ich einen Anlass mit einem selbst gebackenen Kuchen oder reiche ich ein frisch gebackenes Brot, zeige ich, dass ich mir gerne Zeit genommen habe, andere glücklich zu machen. Und darum geht es in diesem Buch: Sich die Zeit nehmen, um sich und andere glücklich zu machen.
Ich habe für dieses Buch nicht nur Rezepte aus meiner Heimat Österreich zusammengetragen, sondern bin auch jenseits der Grenzen in Süddeutschland, der Schweiz und Norditalien fündig geworden.
Sie werden feststellen, dass Sie keinen holzbefeuerten Steinofen brauchen, um ein rösches Brot zu backen. Und ist einmal eine Zutat nicht verfügbar, dann habe ich für Sie nützliche Tipps und Varianten parat, welche hilfreich und Inspiration zugleich sind.
Das Schönste am Backen aber ist die Tätigkeit an sich. Freuen Sie sich auf eine Auszeit vor dem Ofen, den Duft, der sich in der Küche verbreitet, und das gemeinsame Genießen mit Ihren Liebsten.

Gutes Gelingen und viel Freude wünscht Ihnen

# Backtradition mit Zukunft

Wer Apfelkiachl, Vinschger Paarlen oder Almbrot hört, denkt sofort an schneebedeckte Berge, urige Almhütten und zünftige Brettljausen. Doch wer sich auf eine kulinarische Wanderung durch die Alpen begeben und die Gipfel der alpenländischen Backkunst erklimmen will, muss sich auf die Wurzeln des guten Geschmacks besinnen.

# Zwischen Tradition und Moderne

**Was die Klassiker der alpenländischen Backstube so unwiderstehlich gut macht? Vielleicht, dass sie für uns ein Spiegel der Landschaft und Lebensart sind: bodenständig, traditionsbewusst und doch aufgeschlossen für Neues ...**

Wie herrlich war es doch, wenn ich als Kind nach Hause kam, sich die Türe öffnete und ich vom vertrauten Duft einer geliebten Speise empfangen wurde! Zu Besuch bei den Großeltern staunte ich über die riesigen Portionen, die auf den Tisch kamen, und alles durfte ein bisschen süßer und fettiger sein als zu Hause. Während Oma Krapfen und »Blattln« im sprudelnden Schmalz wendete, verbreitete zur selben Zeit der Blechkuchen im Ofen seinen verführerischen Duft und die Vorfreude auf die Nachmittagsjause war groß. Wer nicht wie ich in Tirol aufgewachsen ist, erinnert sich vielleicht gerne an ein paar wunderschöne Reisen und Ausflüge in die Berge, die bleibenden Eindrücke eines Naturerlebnisses, die Anstrengung bis zum Gipfel und die anschließende Belohnung in Form einer Einkehr auf einer urigen Almhütte? Oder an typische Gerichte in traditionellen Gasthöfen zu den vielen festlichen Anlässen in den Dörfern zu jeder Jahreszeit?
Dieses Buch möchte die Erinnerung daran nicht nur beleben, sondern zugleich Inspiration und Ansporn sein, sich wieder mal an Schmalzgebackenes zu wagen oder einen ganzen Tisch mit einem hauchdünnen Strudelteig zu überziehen, um dann mit Kindern, Enkelkindern, Familie und Freunden die Freude an traditionellen Leckereien zu teilen. Alles, was Sie dazu brauchen, sind ein paar wenige Zutaten und das richtige Quäntchen Zeit ...

## OAFACH GUAT

Einfach, ursprünglich und gut – so wird die alpenländische Koch- und Backkunst oft umschrieben. Wobei »einfach« nicht mit simpel oder rückständig gleichzusetzen ist, sondern zum Ausdruck bringen will, dass man mit verhältnismäßig wenig Zutaten und Aufwand maximal leckere Ergebnisse erzielen kann. Und das kommt schließlich nicht von ungefähr. Denn fernab von Nostalgie und verklärender Erinnerung bleibt eine Tatsache unverrückbar bestehen: Das Leben in den Bergen

war hart. Klimatische Gegebenheiten und die schwer zu bearbeitenden Böden machten es den Bergbauern nicht gerade leicht, »dem Berg« das Lebensnotwendige abzutrotzen. Dazu kam über viele Jahre die völlige Abgeschiedenheit, welche die Bewohner des Alpenraumes dazu zwang, eigenständige Wege zu gehen. Sie konzentrierten sich auf das, was die Natur hergab, und entwickelten Methoden, das vorhandene Angebot maximal auszuschöpfen. So entstanden regionale Spezialitäten, die Gerichten und Backwaren ihren unverwechselbaren Geschmack geben. Denn was wären Vorarlberger Käsdönnala (siehe Seite 190) ohne einen gut gereiften Almkäse und die Basler Zwiebelwähe (siehe Seite 188) ohne das echte Schwarzgeräucherte? Eben!

## GUT DING HAT WEIL

Die alpenländische Backkunst wahrt viele Traditionen. Davon zeugen überlieferte Bräuche und Rezepte aus dem Alltagsleben wie die Butschelle (siehe Seite 33), der Schlorzifladen (siehe Seite 82) oder die Dafeiden Erdäpfel (siehe Seite 110), aber auch zahlreiche Spezialitäten zu hohen kirchlichen Festtagen wie die Osterpinzen (siehe Seite 36), die Kirchweihkrapfen (siehe Seite 105) oder der Tiroler Christstollen (siehe Seite 152). Das heißt jedoch nicht, dass man nicht auch aufgeschlossen für Neues war. Neben den traditionell deftigen Mehlspeisen, die als Sattmacher an kirchlichen Fastentagen gedacht waren, fanden so zu Beginn des 20. Jh. auch Schmankerl aus der Wiener Mehlspeisküche Eingang in die alpenländische Backtradition. Heute sind Apfel- oder Millirahmstrudel aus dem Alpenraum nicht mehr wegzudenken. Ein Grundsatz ist jedoch in der Alpenküche fest verwurzelt: Damit Bergkäse, Schwarzgeräuchertes oder Almbrot ihr typisches Aroma entwickeln können, braucht es vor allem eines – Zeit. Nur gut, dass es heute im Alpenraum mehr und mehr Menschen gibt, die sich bei der Lebensmittelerzeugung von der Schnelllebigkeit abwenden und wieder vermehrt auf Qualität und Nachhaltigkeit bauen. So bleiben traditionelle Methoden bewahrt und werden mit neuem Leben erfüllt. Darum nehmen auch Sie sich Zeit – Zeit zum Backen, Zeit, um diese Tätigkeit mit allen Sinnen auszukosten, und vor allem Zeit, um das Ergebnis mit Ihren Lieben zu genießen!

# Was die Natur hergibt

**Regional und saisonal – für die Bewohner der Alpen ist nachhaltige Ernährung im Prinzip nichts Neues. Missernten und die lange Vegetationsruhe in den Bergen zwangen jedoch dazu, eine gute Vorratshaltung zu betreiben ...**

Die geografischen und klimatischen Bedingungen des Alpenraums stellen naturgemäß besondere Anforderungen an Menschen, die eine funktionierende Landwirtschaft betreiben wollen. Aufgabe der Bauern ist nicht nur, Lebensmittel zu produzieren, sondern auch, den begrenzten Boden langfristig zu erhalten. Es gilt also, behutsamer vorzugehen und mehr im Einklang mit der Natur zu leben als in großflächigen Anbaugebieten. Eine deutliche Klimaerwärmung zu Beginn des 11. Jh. hat die Bedingungen für eine erfolgreiche Agrarwirtschaft in den Bergen zusehends verbessert; demzufolge wurden immer mehr Wälder gerodet, um landwirtschaftliche Flächen zu schaffen. Im Hochmittelalter entstand im Alpenraum die Staffelwirtschaft. Der Anbau von Getreide, Gemüse und Obst beschränkte sich auf Tieflagen und Täler, die höheren Lagen wurden für die Milchwirtschaft genutzt. Dabei waren die Bedingungen in den Nordalpen deutlich schwieriger. Die Böden sind karg und das Klima rauer als im Süden. So konnte man Ackerflächen damals nur zwei bis drei Jahre für den Getreideanbau nutzen, danach wurden sie wieder zu Grünflächen für die Viehwirtschaft. Die Terrassenlandschaften der Südalpen und das deutlich mildere Klima waren für Ackerbau besser geeignet.
Die Bewirtschaftung der Felder gestaltet sich bis heute noch erheblich schwieriger als die im »Flachland«. Das Gelände ist oft steil und schwer zugänglich, die Ackerflächen sind kleiner. Das macht den Einsatz von schwerem landwirtschaftlichem Gerät unmöglich. In den Bergtälern wiederum ist die Vegetationsperiode nur von kurzer Dauer, da der Schnee oft bis in den Frühsommer liegen bleibt. Die Nächte können auch im Sommer noch sehr kalt sein, zahlreiche Gewitter sorgen für Hagelschauer und Überschwemmungen. Noch mehr als in anderen landwirtschaftlich geprägten Räumen gab es in den Bergen nie eine Garantie für eine erfolgreiche Ernte, was das Leben der Bauern als Selbstversorger zu einem ständigen Kampf ums Überleben machte. Heute haben dank einer verbesserten Infrastruktur die Moderne und der Wohlstand auch in den entlegensten Alpentälern Einzug gehalten. Eine neue Generation junger Frauen und Männer betreibt wieder Landwirtschaft in den Bergen, im Sinne der Nachhaltigkeit sind aber auch sie auf robuste Obst- und Gemüsesorten angewiesen, die mit den harten Bedingungen in den Bergen klarkommen.

## GEMÜSEANBAU

Klirrend kalte Winter, Frost im Juli, heiße Sommertage und Schnee Ende August kennzeichnen die Bedingungen für den Gemüseanbau im alpinen Klimaraum. Hier gedeihen vor allem Gemüsesorten, die schnell auskeimen und heranreifen, die große Temperaturunterschiede gut vertragen, bis zum ersten Schnee geerntet werden oder sogar den Winter in der Erde verbringen können. Robustes Blattgemüse wie Mangold oder Spinat liefert im Sommer herzhafte Gerichte wie den Mangoldstrudel (siehe Seite 197). Lagerfähige Gemüsesorten wie Kartoffeln, Topinambur, Steckrüben, Mairüben, Rote und Gelbe Bete, Möhren, Petersilienwurzeln, Pastinaken und Zwiebeln sichern die Versorgung im Winter und werden zu traditionellen Gerichten wie Dinnete (siehe Seite 194) und Basler Zwiebelwähe (siehe Seite 188) verarbeitet. Die frische Würze dieser Gerichte kommt von Kräutern wie Petersilie, Minze oder Salbei, die im sommerlichen Kräutergarten heranwachsen und für den Winter getrocknet werden. Auch Kohlsorten sind für den Anbau in Höhenlagen bestens geeignet, da sie robust sind, Fröste aushalten und gut eingelagert werden können. Weißkohl kann zudem durch Milchsäuregärung konserviert werden. Früher stand in jedem Keller ein Fass mit Sauerkraut als wichtige Vitamin- und Nährstoffquelle, heute schätzen wir es besonders als Zutat herzhaft-deftiger Gerichte wie dem Krautstrudel (siehe Seite 200). Die Konservierung durch Fermentation war früher weit verbreitet und wurde nicht nur bei Weißkohl, sondern auch bei anderen Gemüsesorten angewendet. Heute erlebt diese Art der Haltbarmachung eine kleine Renaissance.

## FRISCHES OBST

Ob Apfelstrudel (siehe Seite 88), Zwetschgendatschi (siehe Seite 52) oder Beerendatschi (siehe Seite 50) – frisches Obst ist aus der alpenländischen Backstube nicht wegzudenken. Der Obstanbau hielt im Mittelalter Einzug in den Bergen, kultiviert wurden Kernobst (Äpfel, Birnen, Quitten, Mispel), Steinobst (Kirschen, Pflaumen, Schlehen, Zwetschgen), Beerenobst (Wein, Johannisbeeren, Brombeeren, Himbeeren, Erdbeeren) sowie Nussfrüchte (Haselnuss, Walnuss). Aufgrund der klimatischen Bedingungen hat sich der Obstanbau vor allem in tieferen Lagen auf der Südseite der Alpen bewährt, wohingegen auf der Nordseite und in höheren Tälern die tieferen Temperaturen und insbesondere die Spätfröste die Ernte gefährden. Noch heute werden in Südtirol fast 20 000 ha für den Obstanbau genutzt, von dort setzt sich das Obstbaugebiet an der Etsch weiter nach Süden bis in das Tessin fort. Sogenannte »Wärmeinseln« in den Alpen machen sogar den Anbau von Aprikosen (Vinschgau, Wallis) und Esskastanien (Steiermark) möglich.
Zusätzlich zum Obstbau war in den Bergen von jeher das Sammeln von Wildobst von großer Bedeutung. Neben Heidelbeeren und Preiselbeeren gelten insbesondere die Früchte der Haferschlehe (Kriecherl) – einer leider immer seltener werdenden Wildobstsorte – als besondere Nascherei. Die Kornelkirsche, in Österreich Dirndl genannt, ist dagegen wieder häufiger anzutreffen.
Im Gegensatz zu den Bewohnern des Alpenraums in früheren Zeiten können wir heutzutage im Handel zwischen einer Vielzahl verschiedener Obstsorten wählen, was die Entscheidung nicht unbedingt leichter macht. Im Rezeptteil dieses Buches finden Sie oftmals Tipps zu geeigneten Sorten, grundsätzlich gilt jedoch: Ein Apfel, der gut schmeckt, kann auch für einen Kuchen oder Strudel nicht verkehrt sein. Bei gekauftem Obst empfiehlt es sich, auf unbehandelte Früchte aus biologischem Anbau zu achten, das schützt vor Allergien. Lohnenswert ist aber auch der Besuch auf alten Streuobstwiesen, wo sich noch traditionelle und robuste Obstsorten, vor allem Äpfel und Birnen, finden.

## AUF VORRAT

Die Winter in der Alpenregion sind lang. Kein Wunder, dass man schon von frühester Zeit an darauf bedacht war, etwas vom Erntereichtum der Sommermonate für die kalte Jahreszeit aufzubewahren. Darum spielen in der Alpenküche neben frischem Obst und Gemüse auch Trockenfrüchte eine große Rolle: Das Dörren war die gängige Konservierungsmethode. Dies spiegelt sich in der traditionellen Küche vor allem in der Weihnachtszeit wieder, für die es so viele Rezepte mit getrockneten Äpfeln, Birnen (Kletzen), Zwetschgen und Marillen gibt. Achten Sie beim Kauf auf ungeschwefeltes Trockenobst ohne Konservierungsstoffe; die Früchte sollten optimalerweise aus biologischem Obstbau stammen.
Wer Früchte aus dem eigenen Garten verarbeiten will, kann Trockenobst auch prima selbst herstellen. Ich verwende dafür einen einfachen Dörrapparat, wie er in jedem gut sortierten Fachhandel erhältlich ist. Damit die Vitamine erhalten bleiben, sollte das Obst schonend getrocknet und nicht über 40 °C erhitzt werden.

### DIE SACHE MIT DER ROSINE

Die Bezeichnung »Rosine« in Rezepten steht für alle Arten von getrockneten Weinbeeren. Hierzu werden die Weintrauben überreif geerntet und anschließend getrocknet. Klassische Rosinen sind klein, weich und von dunkler Farbe. Je nach Rebsorte tragen Rosinen aber auch eigene Namen:

- Korinthen werden aus der Rebsorte »Schwarze Korinthe« gewonnen. Sie sind kleiner und fester als übliche Rosinen, haben eine schwarzblaue bis schwarzbraune Farbe und einen besonders kräftigen Geschmack.
- Sultaninen nennt man die getrockneten Beeren aus der kernlosen Sultanatraube. Sie sind groß, saftig und weich, haben eine helle, goldgelbe Farbe und einen süßen Geschmack.
- »Zibeben« ist eine generelle Bezeichnung für alle am Rebstock getrockneten Weinbeeren.

Der Obstgarten Südtirols – das Etschtal (oben). Frische Eier von frei laufenden Hühnern (rechts oben) und sonnengereifte Früchte wie Zwetschgen (rechts unten) sind optimale Backzutaten.

# Das liebe Vieh

**Was wären festliche Torten ohne Schlagobers (Sahne) oder Topfen (Quark) und herzhafte Blechkuchen ohne Grammeln und »gschmackig stinkerten Kaas«? Nur gut, dass auch die Viehwirtschaft in den Alpen eine lange Tradition hat ...**

Der Alpenraum ist schon seit der späten Steinzeit ein landwirtschaftlich geprägtes Gebiet. Was wir in den Bergen als Natur wahrnehmen, ist in weiten Teilen eine Kulturlandschaft. Die Bergwiesen mit ihrer einzigartigen Vielfalt an Blumen, Kräutern und Pflanzen gäbe es nicht ohne die seit vielen Jahrhunderten bestehende Almwirtschaft. Denn ohne Beweidung wären die Alpen fast vollständig bis zur Baumgrenze in 1500 m Höhe bewaldet. So sorgen die Tiere dafür, dass die Almen frei von Latschenkiefern und anderen Bäumen bleiben und dass ein- bis zweimal im Jahr das Heu geerntet wird. Die ältesten Wirtschaftstiere des Menschen überhaupt sind Schafe und Ziegen. Sie sind genügsam, robust und an die Bedingungen in den Alpen perfekt angepasst. Als Kletterkünstler und Gipfelstürmer beweiden sie Grasflächen noch weit über der Baumgrenze. In den mittleren und niederen Lagen verbringen Jungrinder, Milchkühe und oftmals auch Pferde den Sommer. Dazu treibt man die Tiere im Frühsommer auf die Alm (Almauftrieb). Da der Transport der frischen Milch ins Tal schlecht durchführbar oder mit großem Aufwand verbunden war, ging man schon früh dazu über, diese direkt auf der Alm zu verarbeiten. In den sogenannten Sennereien entstanden auf diese Weise traditionelle Milchprodukte wie Alm- und Bergkäse, Almbutter und Almtopfen, die durch ihre geschmacklichen Qualitäten überzeugen. Naturnahe Haltung und vielseitiges Nahrungsangebot wirken sich positiv auf die Beschaffenheit von Milch und Fleisch aus.

## MILCHPRODUKTE

Auch in der heimischen Backstube lohnt es, auf regional und biologisch erzeugte Milchprodukte zu achten.

- **Kuhmilch** sollte möglichst frisch verwendet werden. Laktosefreie Milch ist süßer im Geschmack, darum können Sie nach Belieben etwas Zucker einsparen.
- **Sahne** mit einem Fettgehalt von mindestens 36 % lässt sich besonders gut aufschlagen.
- **Saure Sahne** oder Sauerrahm hat meist einen Fettgehalt von 10–15 %. In Österreich sind 15 % üblich.
- **Schmand** ist stichfeste saure Sahne mit einem höheren Fettanteil von 20–29 %.
- **Crème fraîche** ist gleichfalls ein Sauerrahmprodukt, der Fettgehalt beträgt jedoch mindestens 30 %.
- **Quark** gibt es als Magerstufe (unter 10 % Fett) sowie mit 20 oder 40 % Fettgehalt. Magerquark ist etwas fester und daher zum Backen besonders gut geeignet. Geschmacklich spielt hier der Fettgehalt des Quarks eine untergeordnete Rolle, da bei den meisten Rezepten ohnehin Butter oder Öl zum Teig gegeben wird. Wichtig ist dagegen, dass der Quark so trocken wie möglich ist. Dazu diesen in ein Küchentuch einschlagen, in ein Sieb geben und über Nacht abtropfen lassen, oder Sie pressen ihn behutsam aus.
- **Schafmilch** ist würziger als Kuhmilch, der strenge und intensive Geschmack von **Ziegenmilch** ist hingegen nicht jedermanns Sache. Milchprodukte von Ziege und Schaf sind für viele Menschen besser verträglich als Kuhmilch, also einfach mal ausprobieren.
- **Käse** gibt es in unzähligen Varianten. Grundsätzlich gilt: Wenn Ihnen der Geschmack eines Käses zusagt, passt er auch für das Rezept. In Kombination mit Speck darf der Käse ruhig kräftiger sein, z. B. ein länger gereifter Bergkäse. Regionale Produkte vom Bauernmarkt sind dabei grundsätzlich die beste Wahl.

## »A GUATS GRÄUCHERTS«

Kühe dienten vorrangig der Milch- und weniger der Fleischerzeugung. Für saftige Braten, Schinken und Schmalz hielt man sich Schweine. Die ursprünglich in den Bergen beheimateten Rassen zeichneten sich durch ihre Robustheit aus und konnten wie Rinder, Schafe und Ziegen extensiv, also frei laufend, gehalten werden. Durch ihr Wühlen leisteten sie einen wichtigen Beitrag zum Erhalt der Almfluren, indem sie den von den Kühen festgetretenen Boden auflockerten und frei von Unkraut hielten. Zur Mast verfütterten die Bauern einen Teil der in der Milchwirschaft anfallenden Molke an die Schweine. Wie auch bei der Milch war die Haltbarmachung des Fleisches von allergrößter Bedeutung. Die beliebteste und am weitesten verbreitete Methode hierbei war das Räuchern. Räucherschinken und Räucherspeck, geräucherte und getrocknete Würste gibt es in jeder Region im Alpenraum. Geräucherte und getrocknete Blutwürste (Blunzen) zählen zu den ältesten Wurstarten überhaupt. Das Gute an diesen Produkten mit typischem Aroma ist, dass schon kleine Mengen davon ausreichen, Gerichten und Backwaren einen intensiven Geschmack zu verleihen. Damit dies gelingt, sollten Sie beim Kauf von Räucherspeck (Wammerl) für Basler Zwiebelwähe (siehe Seite 188), Churer Fleischwähe (siehe Seite 192) und Dinnete (siehe Seite 194) darauf achten, dass es sich um schwarzgeräuchertes, gut durchwachsenes Fleisch handelt. Zu magere Produkte werden hart und trocken. Schnellgeräucherter oder minderwertig geräucherter Speck schmeckt talgig oder ist zu salzig. Gute Räucherwürste, wie Sie diese zum Beispiel für den Blunzen-Erdäpfel-Kuchen (siehe Seite 202) benötigen, zeichnen sich durch einen würzig-harmonischen Geschmack und einen noch weichen Kern bei angenehmem Biss aus.

## SCHMALZ UND CO.

Neben Butter und Butterschmalz aus der Milchwirtschaft ist Schweineschmalz ein weiterer wichtiger Fettlieferant. Es dient gleichermaßen zum Kochen wie zum Backen und verleiht insbesondere deftigem Schmalzgebäck seinen unverwechselbaren Geschmack. Mit Zwiebeln, Knoblauch und Kräutern ergibt es einen leckeren Aufstrich für unsere Brote (ab Seite 156). Wie das Schmalz werden auch Grieben bzw. Grammeln aus dem Schweinebauch gewonnen (siehe Seite 200). Außer im Griebenschmalz finden diese in deftigen Speisen wie dem Krautstrudel mit Grammeln (siehe Seite 200) und in vielerlei Gebäck (z. B. Grammelpogatschen) Verwendung.

# Getreide und Mehle

**Kaum ein Gebäck, das nicht mit Mehl zubereitet wird. Denn Mehl gibt Backwaren erst den richtigen Halt. Da der Getreideanbau in den Alpen jedoch schwierig war, suchte man Mittel und Wege, um das kostbare Gut zu strecken.**

Getreide spielte in der Ernährung des Menschen von jeher eine große Rolle. Es hat einen hohen Nährwert und ist dank seiner guten Lagerfähigkeit eine wichtige und sichere Nahrungsquelle. Mehl als Grundlage von Brot und Gebäck wird durch das Mahlen der Körner von Weizen, Roggen, Hafer, Gerste, Hirse, Mais und Reis gewonnen. Für den Anbau im Alpenraum kommen allerdings nur wenige dieser Getreidearten infrage.

## URSPRÜNGLICH

Zu den ältesten kultivierten Getreidesorten in den Alpen zählen Einkorn, Emmer (Zweikorn), Gerste, Zwergweizen (Binkelweizen) und Roggen. Der Anbau von **Urgetreide** wie Einkorn und Emmer ist jedoch wenig ertragreich, deshalb fanden diese Getreidesorten in der modernen Landwirtschaft über viele Jahre keine Verwendung mehr. Im Zeitalter von Weizenunverträglichkeit und Glutensensitivität besinnt man sich jedoch ihrer gesunden Vorzüge und baut sie wieder vermehrt an. Sie haben einen geringen Kleberanteil, sind aber dennoch zum Brotbacken geeignet, sofern sie mit eigenbackfähigen Mehlen aus Weizen, Dinkel oder Roggen gemischt werden.

## UNVERWÜSTLICH

Der Bergsteiger unter den Getreidearten ist **Roggen**. Er gedeiht je nach Sorte noch in Höhenlagen von über 1500 m. Selbst klirrende Kälte und eine geschlossene Schneedecke kann er problemlos verkraften. Im Vergleich zu Weizen, Dinkel und Gerste ist er bei noch tieferen Temperaturen als diese keimfähig. Und dank seiner Fähigkeit, den Boden bis in eine Tiefe von über einem Meter zu verwurzeln, gedeiht er selbst auf sehr kargen Böden und ist gegen Unwetter gut gewappnet. Da Roggen sehr ertragreich ist, keine großen Ansprüche stellt und weniger anfällig für Krankheiten ist, stellte er im Alpenraum und in den nördlichen Breiten lange Zeit das einzig angebaute Getreide dar. Winterroggen war die bevorzugte Sorte, Sommerroggen galt als weniger robust mit einem geringeren Kornertrag. Im österreichischen Waldviertel wird heutzutage wieder eine Urform des Roggens angebaut, der Waldstaudenroggen, auch Johannisroggen genannt.

## NÄHRSTOFFREICH

Dinkel, auch als Spelz oder Schwabenkorn bezeichnet, gehört zur Gattung des Weizens. Dieses Getreide wurde schon in der Jungsteinzeit im Alpenraum angebaut. Da **Dinkel** jedoch wenig ertragreich ist, geriet er über viele Jahre fast völlig in Vergessenheit. Zudem lässt sich das Korn des Dinkels extrem schlecht von den Spelzen trennen, was bei der Mehlherstellung einen zusätzlichen Arbeitsschritt erforderlich macht. Ein neues Ernährungsbewusstsein und die für immer mehr Menschen schlechte Verträglichkeit von überzüchtetem Weizen verhalfen dem Dinkel zu neuer Popularität, sodass er heute wieder großflächig angebaut wird. Dinkel enthält mehr Mineralien und Eiweiß als Weizen, besitzt aber weniger Klebereiweiß (Glutenin) und kann auch weniger Wasser binden. Diese für das Brotbacken eher ungünstigen Eigenschaften lassen sich jedoch durch die Zugabe von Sauerteig und einem Quellstück wieder wettmachen.

## MEHLTYPEN

Wenn man von traditioneller Backkunst in den Alpen spricht, dann denkt man zuerst an Brot und Brötchen. Schließlich stellten diese lange Zeit eines der wichtigsten Grundnahrungsmittel dar. Heute haben wir das Ursprüngliche und die gesunden Eigenschaften von selbst gebackenem Brot neu zu schätzen gelernt. Zum Brotbacken braucht es im Grunde genommen nur wenige Zutaten. Entscheidend ist das richtige Mehl, das durch Angabe der Mehltype festgelegt ist. Die Mehltype definiert den Ausmahlungsgrad. Je höher der Ausmahlungsgrad, desto höher ist der Anteil Getreideschale, der mit vermahlen wird. Dadurch steigt der Mineralien- und Ballaststoffgehalt, das Mehl ist dunkel und geschmackvoll. Für feines, helles Gebäck wird Mehl mit einem niedrigen Ausmahlungsgrad verwendet (vergleichbare Typenbezeichnung für Österreich in Klammern).

**Weizenmehl**

- Type 405 (W480): übliches Haushaltsmehl mit besten Backeigenschaften; für Kuchen, Gebäck und Weißbrot
- Type 550 (W700): kräftiger im Geschmack als Type 405; für Brötchen, Hefegebäck und Weißbrot
- Type 812 (W700): dunkles Mehl, kräftiger Geschmack; für Hefegebäck, Brötchen, Weißbrot und Mischbrot
- Type 1050 (W1600): dunkles Mehl mit hohem Schalenanteil für Mischbrot, Mehrkornbrot und herzhaftes Gebäck; liegt zwischen Weißmehl und Vollkornmehl
- Wiener Grießler: griffiges Mehl, auch als Dunst bezeichnet; für Mürbteig, Hefeteig, Brandteig, Nudelteig, Kartoffelteig, Spätzle und Knödel
- Vollkornmehl: ohne Typenbezeichnung, hier wird das ganze Korn vermahlen; für Sauerteig, als Zusatz für Vollkornbrot und herzhaftes Gebäck
- Weizen-Ruchmehl: Weizenmehl nach Schweizer Art, entspricht in etwa Type 1050

**Roggenmehl**

- Type 610 (R500): für helles Roggenbrot
- Type 997 (R960): für Graubrot und Mischbrot
- Type 1150 (R960): für Sauerteigbrot und Mischbrot
- Type 1370 (–): dunkles, kräftiges Mehl; für Sauerteigbrot, Roggenbrot, Roggenmischbrot, Lebkuchen
- Type R2500: Schwarzroggenmehl aus Österreich; als Zugabe für ein kräftiges Roggenaroma
- Vollkornmehl: für Sauerteig, Vollkornbrot, Schwarzbrot

**Dinkelmehl**

- Type 630 (D700): wie Weizenmehl Type 405
- Type 1050: für Mischbrot, Graubrot, herzhafte Kuchen
- Vollkornmehl: für Sauerteig, Vollkornbrot, -gebäck

## NOT MACHT ERFINDERISCH

Die kühle Witterung und kurze Vegetationszeit in den Bergen machten den Getreideanbau von jeher schwierig: Getreide braucht eine lange Trockenzeit. Hagel und Schnee im Sommer gefährden die Ernte zusätzlich. Kein Wunder, dass die Bergbauern nach Alternativen suchten, wie sich das kostbare Mehl einsparen lässt: **Maronen** (Esskastanien) wachsen in den milden Klimazonen der Alpen wie in der Südsteiermark in Österreich, dem Schweizer Tessin und in Norditalien. Bis ins 19. Jh. stellten sie als Ersatz für Mehl ein Grundnahrungsmittel für die arme Bevölkerung dar. Heute schätzt man sie als eiweißreichen Energielieferanten ohne Gluten. In Südtirol gehören sie zum Kulturgut; beim Törggelen reicht man geröstete Maronen und Traubenmost zur deftigen Jause. Zur Gewinnung von Kastanienmehl werden Maroni getrocknet, geschält und gemahlen. Das »süße Mehl« eignet sich als Beimischung zum Backen von Kuchen, Gebäck und Brot (siehe Seite 168). Überdies kann man Maronen im Ofen rösten bzw. in Wasser weich garen, dann schälen und zu einer Maronicreme als Füllung für Kuchen und Torten verarbeiten (siehe Seite 124).

**Hülsenfrüchte** und die Samen verschiedener **Pseudogetreidearten** lassen sich gleichfalls zu Mehl vermahlen. Der Anbau von Buchweizen, einem Knöterichgewächs mit kurzer Vegetationsperiode, wird in Kärnten ab 1442 erwähnt. Die Schwarzplenten-Torte (siehe Seite 126) ist ein besonders leckeres Beispiel für seine Verwendung. Sie kamen spät (2. Hälfte des 18. Jh.) in den Alpenraum, hatten dann jedoch durchschlagenden Erfolg: **Kartoffeln** gedeihen selbst in höheren Lagen, lassen sich gut lagern und sind vielseitig verwendbar. Zum Backen eignen sich insbesondere mehligkochende Sorten.

**AUF DIE KÖRNUNG KOMMT ES AN**

Mehle gleicher Mehltype können sich in ihrer Körnung unterscheiden. Gröbere Mehlpartikel kann man mit den Fingern spüren, das Mehl ist griffiger. Dadurch kann es mehr Flüssigkeit binden. Teige aus doppelgriffigem Mehl wie dem Wiener Grießler müssen zwar länger quellen, sind aber besonders elastisch und lassen sich gut formen. Ideal für Hefeteige, Strudel oder Stollen!

Roggen, der Bergsteiger unter den Getreidesorten, kommt mit höheren Lagen besser zurecht (oben). Neben Sauerteig, Gewürzen und Kernen (rechts) prägt er das typische Bild vom (Berg-)Bauernbrot.

# Worauf es ankommt

**Backen ist eine wunderbare Beschäftigung. Es ist aber auch Handwerk, verlangt neben etwas Equipment Aufmerksamkeit und Geduld. Erfahrung spielt vielleicht die größte Rolle, darum nicht von kleinen Rückschlägen entmutigen lassen!**

Backen ist keine Wissenschaft für sich! Es ist nur so, dass sich Bäcker etwas genauer an das Rezept halten sollten als Köche und wissen müssen, wann Butter gerührt und wann Eier geschlagen werden ...

## »OFANGA«

Backen ist ein Fest für alle Sinne – vorausgesetzt, man nimmt sich genügend Zeit. Zur Orientierung sind alle Rezepte mit einer Zeitangabe versehen. Bevor Sie loslegen, alle Zutaten und benötigten Backutensilien bereitstellen. Dabei darauf achten, dass Sie die Zutaten je nach Rezept zur richtigen Zeit aus dem Kühlschrank nehmen. Für Rührteige müssen Butter und Eier zimmerwarm sein (siehe Seite 68), für Mürbteige eiskalt (siehe Seite 140). Alle Zutaten exakt abwiegen und abmessen.

**Benötigtes Equipment:**

- Küchenwaage: Eine digitale Waage (Messbereich bis 2 kg, Präzision bis auf 1 g) ist perfekt.
- Messbecher: Eine möglichst präzise Mess-Skala und ein Schnabel zum besseren Ausgießen von Flüssigkeiten machen einen guten Messbecher aus.
- Feinmaschiges Sieb: Mehl vor dem Abwiegen sieben, um Klümpchen und Verunreinigungen zu vermeiden.

## RÜHREN

Dient zum Einrühren oder Vermengen von Zutaten und kann von Hand oder per Maschine erfolgen. Beim Rührteig beispielsweise werden Butter, Zucker und Eier mit der Maschine cremig aufgeschlagen, das Mehl sollte dann manuell untergemischt werden, da es mit jeder Drehung mehr quillt und den Teig weniger luftig macht.

**Benötigtes Equipment:**

- Rührschüsseln: Plastikschüsseln verschiedener Größen gehören in jeden Haushalt. Praktisch, wenn es zu einigen einen passenden Deckel gibt. Eine Rührschüssel sollte möglichst bauchig sein; damit sie nicht verrutscht, diese auf einen feuchten Lappen stellen.
- Gummispatel: Hilft, Teige luftig zu vermengen oder letzte Reste aus der Schüssel zu kratzen.
- Kochlöffel mit Loch: Zum Unterrühren von Mehl
- Handrührgerät oder Küchenmaschine mit Rührbesen

## SCHLAGEN

Damit sich **Butter** gut mit anderen Zutaten vermengen lässt, muss sie zu einer homogenen Creme aufgeschlagen werden. Hierzu zimmerwarme Butter verwenden.
Auch für **Eischnee** sollten die Eier nicht direkt aus dem Kühlschrank kommen, sondern zimmerwarm sein. Jeweils ein Ei trennen und das Eiweiß erst dann in die Rührschüssel geben. Sollte der Trennvorgang misslingen, werden so nicht mehrere Eiweiße mit Dotter kontaminiert. Achten Sie darauf, dass nicht die geringste Spur Dotter im Eiweiß landet, sonst wird der Eischnee nicht fest. Die Eiweiße zuerst halbsteif schlagen, dann den Zucker unter ständigem Rühren einrieseln lassen und so lange bei mittlerer Geschwindigkeit weiterrrühren, bis sich der Zucker vollständig gelöst hat. Zum Schluss die Geschwindigkeit erhöhen und alles zu einem möglichst voluminösen Eischnee schlagen. Die Konsistenz ist dann ideal, wenn man den Rührbesen herauszieht und stabile lange Spitzen stehen bleiben. Ist der Eischnee zu fest, lässt er sich kaum noch zügig unterheben.
Für **Schlagsahne** unbedingt eiskalte Sahne verwenden. Bei mittlerer Geschwindigkeit kreisförmig rühren, bis die Schlagsahne die gewünschte Festigkeit hat. Für Cremes und zum Bestreichen eines Kuchens sollte die Sahne von geschmeidiger Konsistenz sein, damit sie sich gut unterheben bzw. leicht verstreichen lässt. Für aufgespritzte Verzierungen darf die Schlagsahne etwas fester

sein. Vorsicht! Nicht zu lange schlagen, sonst entstehen buttrige Flocken und die Schlagsahne ist unbrauchbar.

**Benötigtes Equipment:**

- Hoher Rührbecher: Zum Aufschlagen am besten einen hohen, eher klein bemessenen Rührbecher verwenden – so wird's besonders luftig! Bei Eischnee müssen Rührbecher und Rührgeräte völlig fettfrei sein!
- Handrührgerät oder Küchenmaschine mit Rührbesen
- Schneebesen: Ideal zum Unterheben von Sahne und Eischnee. Am besten in zwei bis drei verschiedenen Größen besorgen und auf langlebige Qualität achten.

## KNETEN

Zutaten vor dem Kneten mit einem Gummispatel sorgfältig vermengen. Dann den Teig abwechselnd mit dem Handballen der linken und rechten Hand flach drücken, mit den Fingerspitzen nach oben zur Mitte hin ziehen und wieder flach drücken. Dabei die Arme möglichst gestreckt halten und das eigene Körpergewicht arbeiten lassen. Brotteige mit Hefe können zu Beginn sehr weich und klebrig und somit weniger gut zu kneten sein. Dann den Teig mit den Fingern oder einer Teigkarte nach oben ziehen und zur Mitte hin falten, bis er an Festigkeit gewinnt und sich von der Arbeitsfläche löst. Das kann bis zu 15 Min. dauern. Durch die nachfolgende Gärung im Gärkorb gewinnt der Teig zusätzlich an Festigkeit. Sauerteig muss dagegen weniger lang geknetet werden, da er eine andere Kleberstruktur hat. Bei allen Teigen gilt: Zum Kneten kein zusätzliches Mehl verwenden!

**Benötigtes Equipment:**

- Küchenmaschine mit Knethaken: Bei schweren Teigen oder größeren Mengen weniger kraftraubend.
- Teigkarte: Erleichtert das Ziehen und Falten von Brotteigen. Gibt's in verschiedenen Größen!

## AUSROLLEN

Die Arbeitsfläche sollte sauber, trocken und mit Mehl bestäubt sein. Hierzu das Mehl nicht streuen, sondern aus der Hand mit einem Schuss in einem flachen Winkel über die Arbeitsfläche verteilen. Die Teige mit wenig Druck von innen nach außen ausrollen. Dabei öfters wenden und mit Mehl stauben.

**Benötigtes Equipment:**

- Rollholz/Nudelholz: Es gibt Modelle aus Holz, Plastik, Edelstahl und Marmor. Ein Rollholz aus Stahl ist relativ schwer und erleichtert damit ein präzises Ausrollen. Stahl wie auch Marmor speichern zudem Kälte und sind daher zum Verarbeiten von Mürbteig ideal.
- Silikonmatte: Erleichtert das Ausrollen von Marzipan- und Zuckerteigen. Sie muss nicht gefettet werden und der Teig lässt sich leicht lösen.
- Teigrad: Mit glattem oder gezacktem Rand; schneidet ausgerollten Teig in die richtige Größe und Form.
- Ausstechformen: Bewährt haben sich Produkte aus Metall mit scharfem Rand. Es gibt sie in verschiedensten Formen. Für die Weihnachtsbäckerei sind auch Ringe in unterschiedlichen Größen praktisch.

## FORMEN

Hefe-, Brötchen- und Strudelteig lassen sich gleichmäßiger ausrollen, wenn man sie vorher zu glatten Kugeln schleift. Zum **Schleifen** das Teigstück in der hohlen Hand und mit etwas Druck auf der Arbeitsfläche kreisen lassen, bis die Oberfläche glatt und gewölbt ist.
Zum **Flechten** von Zöpfen und Kranzerln die geschliffenen Hefeteigkugeln auf einer Arbeitsfläche ohne Mehl mit leicht befeuchteten Händen zu Strängen rollen. Die Teigoberfläche darf nicht austrocknen! Den Teig immer wieder für 1 Min. rasten lassen, damit er sich entspannen kann, geschmeidig bleibt und nicht einreißt.
Das Formen von Broten zu einem runden Laib bezeichnet man als **Rundwirken**. Hierzu den Teig mit bemehlten Händen oder einer Teigkarte kreisförmig an der äußeren Kante aufnehmen und zur Mitte hin falten, bis eine runde, bauchige Form entsteht (siehe Seite 163). Dadurch bildet sich auf der Oberseite des Brotes eine spiralförmige Naht, der »Schluss« genannt. Gibt man den Teig mit dem Schluss nach unten in den Gärkorb, so zeigt dieser nach dem Stürzen nach oben. Dieses Brot wird beim Backen dekorativ und rustikal aufreißen. Stürzt man das Brot mit dem Schluss nach unten, bleibt eine glatte Oberfläche, die man nach Wunsch einschneiden kann.

## VERZIEREN

Macht aus Kuchen und Torten echte Schmuckstücke!

**Benötigtes Equipment:**

- Teigkarte oder Winkelpalette: Ideal, um Torten rundherum sauber mit Creme einzustreichen.
- Spritzbeutel, Stern- und Lochtüllen: Zum Aufspritzen, Befüllen und Verzieren von Kuchen, Torten und Teilchen mit Schlagsahne und Cremes. Einwegspritzbeutel sind praktisch, Mehrwegspritzbeutel nachhaltiger.

# Ab in den Ofen

**Was früher an der Tagesordnung war, gilt heute als Spezialität: das Holzofenbrot. Doch was ist das Besondere am Holzbackofen? Und wie kann man mit dem E-Herd bei Brot und Brötchen, Kuchen und Torten beste Ergebnisse erzielen?**

Ob aus Gusseisen oder Ziegelsteinen, ob direkt oder indirekt befeuert – das Prinzip bei Holzbacköfen bleibt immer das gleiche und hat sich seit der Antike nicht wesentlich verändert. Traditionelle Holzbacköfen im Alpenraum waren größtenteils aus Ziegelsteinen gemauert und wurden direkt befeuert. Nur gut getrocknetes Laubholz kam dafür infrage, damit der Ofeninnenraum rundum gleichmäßig warm wurde und die richtige Hitze erzielte. Das Anfeuern des Ofens war der wichtigste und schwierigste Akt. Diese Aufgabe blieb dem Altbauern vorbehalten. Er hatte die meiste Erfahrung und wusste, welches Holz in der richtigen Menge für einen gut beheizten Backofen nötig war.

## NUTZEN DER TRÄGHEIT

Das Feuer trocknet den Backraum zunächst aus. Die heiße Luft zirkuliert und läuft am Gewölbe entlang. Die Steine, die den Backraum auskleiden, speichern die Hitze, bis nach und nach der ganze Ofen erwärmt ist. Natürlich braucht das seine Zeit, man muss den Ofen also rechtzeitig anfeuern. Ist das Holz verbrannt und der Ofen kräftig aufgeheizt, kann man das Backgut »einschießen«. Der Backvorgang beruht auf der in den Steinen gespeicherten Wärme, die in Form von Strahlungswärme an das Backgut abgegeben wird.
Ein Holzbackofen heizt sich langsam auf und braucht noch länger, um die Wärme wieder abzugeben. Diese thermische Trägheit hat zur Folge, dass die Backtemperatur über längere Zeit relativ konstant bleibt. Zudem kühlt der Backstein durch das Einschießen des Backguts nicht spürbar ab. Das gibt dem Brot eine schöne braune Kruste. Da der Stein eine poröse Oberfläche hat, kann der beim Backen entstehende Dampf nach unten entweichen. Die Kruste wird knusprig und locker.
Bei der traditionellen Form der direkten Befeuerung wird die abgebrannte Glut vor dem Backen aus dem Ofen geräumt und die Asche mit einem feuchten Lappen ausgewischt. Dabei bildet sich Dampf. Dieser Dampf spielt in mehrfacher Hinsicht eine wichtige Rolle. Die Feuchtigkeit verhindert das Austrocknen des Teiges an der Oberfläche. Dadurch bleibt diese länger weich und reißt nicht ein, zugleich wird die Verdunstung aus dem Inneren des Brotes reduziert, das Brot bleibt also länger frisch. Nicht zuletzt verzögert der Wasserdampf die Bildung der Kruste, macht sie dünner und glänzender.
In Holzbacköfen wird vor dem Brot erst das Kleingebäck eingeschossen: Dem machen hohe Temperaturen nicht viel aus, weil es ruck, zuck durch ist, bevor die Kruste schwarz wird. Vor dem Brotbacken muss der Ofen erst etwas abkühlen, damit das Backgut nicht lange vor Ende der Garzeit an der Oberfläche verbrennt.

## SO KLAPPT'S AUCH IM E-HERD

Auch wenn das Backen im Holzbackofen einzigartig und unerreicht ist – mit ein paar Tipps und Tricks lassen sich auch im heimischen E-Herd rösche Brote und knusprige Brötchen backen. Und so geht's:

- **Vorheizen:** Der Ofen muss heiß sein. Darum beizeiten vorheizen, am besten 20–30 Min. vor dem Backen.
- **Backstein:** Wer gerne Brot, Brötchen und Pizza backt, für den lohnt die Anschaffung eines Backsteins. Denn er kühlt, wie für den Holzbackofen beschrieben, beim Einschießen des Brotes nicht ab und lässt die Feuchtigkeit nach unten entweichen. Damit dies gelingt, muss der Stein mit dem Ofen vorgeheizt und das Brot direkt auf dem Stein gebacken werden. Wer keinen Backstein hat, nimmt ein heißes Backblech.
- **Beschwaden:** Zum Befeuchten der Ofenatmosphäre stellen Sie am besten einen hitzebeständigen, breiten Behälter mit Wasser auf den Boden des Backofens.

Wichtig ist, dass das Wasser während des Backens vollständig verdampft. Darum wird bei vielen Broten der Behälter nach 10–15 Min. wieder aus dem Ofen entfernt. Alternativ kann man die Ofentüre etwa 10 Min. vor Ende der Backzeit mithilfe eines Holzkochlöffels einen Spalt weit offen halten.

- **Temperaturführung:** Heizen Sie den Ofen auf hohe Temperatur vor, denn Brot muss zu Beginn sehr heiß gebacken werden. Damit die Kruste jedoch nicht vor Ende der Garzeit schwarz wird, sollten Sie die Temperatur nach 15–20 Min. um ca. 20–30 °C reduzieren.
- **Ober- und Unterhitze:** So praktisch Umluftsysteme auch sein können – beim Brotbacken trocknen sie die Oberfläche zu sehr aus, die Kruste neigt dazu, zu verbrennen. Darum besser Ober- und Unterhitze verwenden. Hier bildet sich um das Brot eine dünne, isolierende Luftschicht, die weniger heiß als die Ofentemperatur ist. Das Brot wird schonender gebacken.
- **Schwitzen lassen:** Für eine rösche Kruste sollten Sie das Brot nicht nur auf einer luftdurchlässigen Fläche (Backstein) backen, sondern auch auskühlen lassen. Geben Sie es dazu am besten auf ein Kuchengitter.

## BACKEN ANDERER TEIGE

- **Backformen vorbereiten:** Backbleche belegt man am besten mit einem passenden Bogen Backpapier, das verhindert das Anbacken. Bei Backformen hilft, diese mittels Backpinsel mit zerlassener Butter oder Öl einzustreichen. Damit sich der Kuchen besonders leicht aus der Form löst (z. B. aus einer alten Gugelhupfform) und um dem Kuchen eine rösche Oberfläche zu geben, kann man die gefettete Form auch mit Zucker, Mehl und gemahlenen Nüssen ausstreuen.
- **Vorheizen:** Auch für Gebäck aus Rühr-, Mürb- oder Biskuitteig sollten Sie den Ofen immer vorheizen.
- **Backfunktionen:** Bei Umluftsystemen wird die heiße Luft durch ein Gebläse gleichmäßig im Ofen verteilt. Die Temperatur um ca. 20 °C niedriger einstellen als für Ober-/Unterhitze. Der Vorteil: Sie können mehrere Backbleche gleichzeitig in den Ofen schieben, das Gebäck wird rundum gleichmäßig gebräunt. Der Nachteil: Umluft trocknet schneller aus, die Oberfläche wird rascher braun. Für sehr empfindliche Teige und Massen wie Soufflés und Eischneehauben ist Umluft daher nicht geeignet. Hier, wie auch zum Brotbacken, verwendet man besser Ober- und Unterhitze. Dabei kann man das Backergebnis durch die Einschubhöhe beeinflussen: die mittlere Schiene für Biskuitkuchen, Rührkuchen und Kuchen in der Kastenform wählen, die 2. Schiene von unten für Tartes, Quiches, Blechkuchen und Gugelhupf. Wird der Teig vor Ablauf der Backzeit zu dunkel, diesen mit Backpapier abdecken.
- **Backvorgang:** Jeder Ofen bäckt anders. Die reale Hitze im Ofen entspricht nicht immer der eingestellten Temperatur. Abhilfe schafft ein Backofenthermometer, das man in den Ofen hängt. Bei Kuchen, Hefegebäck, Biskuit und Gugelhupf gilt: Die Backofentüre niemals während der ersten zwei Drittel der Backzeit öffnen, da Teige und Massen sonst zusammenfallen können.
- **Stäbchenprobe:** Sie verrät, ob der Kuchen fertig gebacken ist. Dazu ein langes Holzstäbchen in die dickste Stelle des Kuchens stechen und wieder herausziehen. Bleibt das Stäbchen sauber und kein Teig haften, ist der Kuchen durchgebacken. Andernfalls weitere 5–7 Min. im Ofen belassen.
- **Stürzen:** Den Kuchen vor dem Stürzen etwa 10 Min. abkühlen lassen. Danach einen Teller oder eine Kuchenplatte auf die Form auflegen, diese umdrehen und nach oben abziehen. Gleitet der Kuchen nicht von selbst aus der Form, mit einem spitzen dünnen Messer am Rand entlangfahren und den Kuchen lösen.

# Hefe- und Plunderteilchen

Wer kennt sie nicht, die verführerischen Teilchen, die so gut zum Kaffee am Nachmittag oder zu einem besonderen Frühstück schmecken? Ob Mohnkranzerl, Zimtschnecke oder Topfengolatsche, hier kommen die Rezepte, wie Sie die feinen Teilchen selbst zubereiten können. Striezel und Nusszopf dürfen natürlich nicht fehlen ...

# Grundrezept Hefeteig

VIELSEITIG VERWENDBAR UND GELINGSICHER

## Zutaten

*für ca. 1 kg Hefeteig; benötigte Zeit: 30 Min. Zubereitung, 1 Std. 15 Min. Gehen*

*180 ml Milch*
*100 g Butter*
*25 g frische Hefe*
*500 g Weizenmehl (Type 405)*
*1 Bio-Zitrone*
*4 zimmerwarme Eier (M)*
*100 g Feinkristall-Zucker*
*2 TL Bourbon-Vanillezucker*
*Salz*

### WIE VIEL HEFE?

Für ein Brot sollte man im Verhältnis zur Teigmenge ohne Flüssigkeit nicht mehr als 3,5 % Hefe verwenden. Für klassische Hefeteige braucht man deutlich mehr. Ich nehme eher geringere Mengen Hefe und lass den Teig länger gehen. So ist er leichter zu formen, das Gebäck ist bekömmlicher und andere Aromen kommen besser zur Geltung.

**1.** Die Milch in einem Topf bei geringer Hitze handwarm erwärmen, die Butter in einem weiteren Topf bei geringer Hitze schmelzen und handwarm abkühlen lassen.

**2.** Die Hälfte der Milch in eine kleine Schüssel geben, die Hefe hineinbröckeln und mit einem Schneebesen unterrühren, bis sich die Hefe komplett aufgelöst hat. Danach 2 EL vom Mehl in die Hefemilch einrühren und die Schüssel mit Frischhaltefolie abdecken. Den Vorteig an einem warmen Ort 15 Min. gehen lassen.

**3.** In der Zwischenzeit die Zitrone heiß waschen, abtrocknen und die Schale fein abreiben. 3 Eier trennen, die Eiweiße anderweitig verwenden.

**4.** Das restliche Mehl in die Rührschüssel der Küchenmaschine sieben und mit Zucker, Vanillezucker, abgeriebener Zitronenschale und 1 Prise Salz vermengen.

**5.** Übrige Milch, zerlassene Butter, Ei, Eigelbe und den Vorteig zum Mehl-Mix geben und alles mit den Knethaken der Küchenmaschine bei geringer Geschwindigkeit in 8–12 Min. zu einem geschmeidigen Teig verkneten. Alternativ die Zutaten in einer Schüssel grob vermengen, die Masse auf die Arbeitsfläche stürzen und mit den Händen in 8–10 Min. zu einem Hefeteig verarbeiten.

**6.** Den Hefeteig in eine Schüssel setzen, mit einem feuchten Tuch bedecken und an einem warmen Ort in etwa 1 Std. zur doppelten Größe gehen lassen. Danach kann der Germteig beliebig weiterverarbeitet werden.

## Tipps & Tricks

- Alle Zutaten sorgfältig abwiegen.
- Milch und Butter nur lauwarm erwärmen (25–28 °C), bei höheren Temperaturen sterben die Hefezellen ab.
- Hefe sollte nicht älter als 5–6 Tage sein. Teige mit weniger Hefe sind bekömmlicher und gehen kontrollierter auf, allerdings verlängert sich dadurch die Gehzeit.
- Das Mehl vor der Verwendung grundsätzlich sieben.
- Die Eier sollten zimmerwarm sein.
- Die Zutaten in der Küchenmaschine nur bei geringer Geschwindigkeit, aber mindestens 8 Min. verkneten, je länger, desto feinporiger wird der Teig. Beim Kneten auf der Arbeitsfläche kein Extra an Mehl verwenden.
- Teig an einem warmen Ort und geschützt vor Zugluft zu doppelter Größe aufgehen lassen, dabei mit einem feuchten Tuch oder Frischhaltefolie abdecken.
- Nach dem Gehen den Hefeteig rasch verarbeiten und dabei stets vor dem Austrocknen schützen.
- Feines Gebäck mit Hefeteig darf nicht zu heiß gebacken werden, damit der Teig im Ofen in Ruhe aufgehen kann und nicht zu dunkel und trocken wird.

# Rohrnudeln (Buchteln)

WANDELBARER KLASSIKER

**Zutaten** *für 6 Personen*
*benötigte Zeit: 30 Min. Zubereitung, 1 Std. 45 Min. Gehen, 30 Min. Backen*

***Für den Teig:***
*125 ml Milch*
*je ½ Bio-Zitrone und Bio-Orange*
*25 g frische Hefe*
*500 g Weizenmehl (Type 405)*
*120 g zimmerwarme Butter*
*3 zimmerwarme Eier (M)*
*80 g Feinkristall-Zucker*
*2 TL Bourbon-Vanillezucker*
*2 TL Rum (nach Belieben)*

***Für die Füllung:***
*150 g Powidl (ersatzweise Pflaumenmus)*

***Außerdem:***
*Mehl zum Arbeiten*
*150 g Butter*
*Puderzucker zum Bestreuen*

**1.** Die Milch in einem kleinen Topf bei geringer Hitze handwarm erwärmen. Die Zitrone und Orange heiß waschen, abtrocknen und ca. ½ TL Schale abreiben.

**2.** Für den Vorteig die Hefe in einer Schale in 4–5 EL von der erwärmten Milch auflösen und mit 1–2 EL Mehl zu einem Brei verrühren. Mit Frischhaltefolie bedeckt an einem warmen Ort ca. 15 Min. gehen lassen.

**3.** Die zimmerwarme Butter in der Küchenmaschine schaumig aufschlagen. Eier, Zucker, Vanillezucker, Zitronen-, Orangenschale und nach Wunsch den Rum unter die Butter rühren. Vorteig und Mehl hinzufügen und alles in 10–12 Min. zu einem seidigen Hefeteig verkneten. Mit einem feuchten Tuch bedeckt etwa 1 Std. gehen lassen.

**4.** Die Butter in einem kleinen Topf bei geringer Hitze zerlassen. Teig auf der bemehlten Arbeitsfläche zu einer ca. 3 cm dicken Rolle formen und 12 gleiche Stücke abstechen. Die Teiglinge zu flachen, runden Flecken drücken, je 1–2 TL Powidl in die Mitte setzen, dann die Flecken sorgfältig verschließen und zu Kugeln drehen.

**5.** Buchteln in zerlassene Butter tauchen und gleichmäßig verteilt in eine Auflaufform setzen. Dann wieder mit dem feuchten Tuch bedecken und weitere 30 Min. gehen lassen. Den Backofen auf 180 °C vorheizen.

**6.** Buchteln im heißen Ofen (2. Schiene von unten) in 25–30 Min. goldbraun backen. Dann herausnehmen, mit Puderzucker bestreuen und frisch servieren.

**VARIANTEN**

- Buchteln lassen sich x-beliebig variieren und schmecken jedes Mal aufs Neue wunderbar. Warum nicht den Hefeteig mit 80 g gehackten Nüssen oder 15 g Kakaopulver verkneten und dafür entsprechend weniger Mehl verwenden?
- Genauso flexibel lässt sich die Füllung gestalten. Buchteln können mit verschiedenen Konfitüren gefüllt werden, noch fruchtiger wird's, wenn Sie je 1 frische entsteinte Pflaume, Zwetschge oder Aprikose hineingeben.
- Sehr lecker schmeckt zudem eine Nuss- oder Mohnfüllung, soll es mal schneller gehen, tut's auch ein Stück Schokolade oder Nougat.
- Sie können die Buchteln auch auf einer Schicht Konfitüre backen (z. B. aus Preiselbeeren) oder auf einem klassischen Hollerröster.

# Hefezopf

IN ÖSTERREICH UND BAYERN: STRIEZEL

**Zutaten**
*für 6 Personen*
*benötigte Zeit: 30 Min. Zubereitung, 1 Std. 30 Min. Gehen, 30 Min. Backen*

***Für den Teig:***
*180 ml Milch*
*100 g Butter*
*1 Bio-Zitrone*
*500 g Weizenmehl (Type 405)*
*25 g frische Hefe*
*4 zimmerwarme Eier (M)*
*2 TL Bourbon-Vanillezucker*
*Salz*

***Außerdem:***
*Butter für das Blech*
*Mehl zum Arbeiten*
*1 Ei (M)*
*3 EL Milch*
*Mandelblättchen zum Bestreuen (nach Belieben)*

**1.** Die Milch in einem kleinen Topf bei geringer Hitze handwarm erwärmen, die Butter in einem weiteren Topf bei geringer Hitze zerlassen. Zitrone heiß waschen, abtrocknen und die Schale fein abreiben.

**2.** Für den Vorteig das Mehl in eine Schüssel sieben und mittig eine Mulde formen. Die Hefe in 100 ml von der erwärmten Milch auflösen und in die Mulde geben. Etwas Mehl vom Rand darüberstäuben. Den Vorteig mit einem feuchten Tuch bedecken und an einem warmen Ort ca. 15 Min. gehen lassen.

**3.** Eier trennen, übrige Milch, zerlassene Butter und Zitronenschale mit Eigelben, Vanillezucker und 1 Prise Salz zum Vorteig geben und alles vermengen. Auf die Arbeitsfläche stürzen und in 8–10 Min. zu einem geschmeidigen Teig verkneten. Den Teig in die Schüssel setzen, mit dem feuchten Tuch bedecken und an einem warmen Ort etwa 45 Min. gehen lassen.

**4.** Anschließend ein Backblech mit Butter fetten. Den Teig auf der leicht bemehlten Arbeitsfläche kurz durchkneten und in drei gleich große Portionen teilen (1).

**5.** Die Teigstücke zu glatten Kugeln schleifen, d. h. in der hohlen Hand und mit etwas Druck auf der Arbeitsfläche kreisen lassen, bis die Oberfläche glatt und gewölbt ist (2). Die Teigkugeln dann zu ca. 40 cm langen Strängen formen, die in der Mitte etwas dicker sind (3 cm Ø; 3) und daraus einen schönen Zopf flechten (4).

**6.** Die Teigenden gut zusammendrücken. Den Striezel auf das vorbereitete Backblech legen, mit einem trockenen Tuch bedecken und nochmals gehen lassen, bis sich sein Volumen um etwa ein Drittel vergrößert hat.

**7.** Den Backofen auf 160 °C Umluft vorheizen. Das Ei trennen, das Eiweiß anderweitig verwenden. Das Eigelb mit der Milch in einer kleinen Schale verquirlen.

**8.** Striezel mit der Hälfte der Eiermilch bestreichen. Im vorgeheizten Ofen (2. Schiene von unten) ca. 30 Min. backen, dann herausnehmen, mit restlicher Eiermilch bestreichen und nach Wunsch mit Mandelblättchen bestreuen. In weiteren 10–15 Min. fertig backen.

### VARIANTE

Für einen Eierring formen Sie die Teigstränge 10 cm länger, flechten sie zu einem Zopf, biegen diesen zu einem Kranz und flechten die Enden ineinander. Traditionell wird ein Eierring mit Hagelzucker bestreut, nach dem Backen mit Milch bestrichen und mittig mit Ostereiern bestückt.

# Mohnkranzerl

MIT OSTEREIERN

## Zutaten

*für 6 Stück*

*benötigte Zeit: 40 Min. Zubereitung, 1 Std. 35 Min. Gehen, 25 Min. Backen*

***Für den Teig:***

*200 ml Milch*
*15 g frische Hefe*
*500 g Weizenmehl (Type 405)*
*80 g Butter*
*2 zimmerwarme Eier (M)*
*60 g Feinkristall-Zucker*
*Salz*

***Für die Füllung:***

*½ Bio-Orange*
*80 g Butter*
*125 ml Milch*
*200 g gemahlener Mohn*
*80 g Zucker*
*1 EL Vanillezucker*
*1 Prise Zimtpulver*
*1 EL Rum (nach Belieben)*

***Außerdem:***

*Mehl zum Arbeiten*
*1 Ei (M) und 3 EL Milch*
*6 hart gekochte und bemalte Ostereier*

**1.** Die Milch in einem kleinen Topf bei geringer Hitze handwarm erwärmen. Für den Vorteig die Hefe in eine Schüssel bröckeln und mit 70 ml von der erwärmten Milch und 2 EL vom Mehl zu einem Brei verrühren. An einem warmen Ort zugedeckt ca. 15 Min. gehen lassen.

**2.** Für den Teig die Butter in einem Topf bei geringer Hitze zerlassen. Die Eier trennen, Eiweiße anderweitig verwenden. Eigelbe, Zucker und 1 Prise Salz mit zerlassener Butter, Vorteig und restlicher Milch verrühren, übriges Mehl darübersieben und alles gut vermengen.

**3.** Die Masse auf die Arbeitsfläche stürzen und mit den Händen in 8–10 Min. zu einem geschmeidigen Teig verkneten. Teig wieder in die Schüssel geben, mit einem feuchten Tuch bedecken und 1 Std. gehen lassen.

**4.** Für die Füllung die Orange heiß waschen, abtrocknen und die Schale fein abreiben. Die Butter in einem Topf bei geringer Hitze zerlassen. Die Milch aufkochen.

**5.** Den Mohn in die heiße Milch einrühren und den Topf vom Herd nehmen. Zerlassene Butter, Zucker, Vanillezucker, Zimt und nach Belieben den Rum hinzufügen und gut untermischen. Die Mohnmasse erkalten lassen.

**6.** Den Teig auf der bemehlten Arbeitsfläche zu einer Rolle formen, in 12 gleiche Portionen teilen und diese zu ca. 15 cm langen und 5 cm breiten Fladen ausrollen.

**7.** Die Teigfladen mit Mohnmasse bestreichen, dabei rundherum einen ca. 1 cm breiten Rand lassen. Teigrand mit Wasser bepinseln, dann den Teig über der Füllung verschließen und den Rand fest zusammendrücken.

**8.** Teiglinge mit den Handflächen zu Strängen (2 cm Ø) rollen. Je 2 Stück zu einem Strang verdrillen, zu einem Kranzerl biegen und die Enden ineinanderflechten.

**9.** Zwei Backbleche mit Backpapier auslegen, die Mohnkranzerl daraufsetzen, mit einem feuchten Tuch bedecken und weitere 20 Min. gehen lassen.

**10.** Den Backofen auf 180 °C Umluft vorheizen. Das Ei trennen, das Eiweiß anderweitig verwenden. Das Eigelb mit der Milch in einer kleinen Schale verquirlen.

**11.** Die Mohnkranzerl mit der Eiermilch bestreichen und im vorgeheizten Ofen in 20–25 Min. goldbraun backen. Danach herausnehmen, die Ostereier in die noch warmen Kranzerl drücken und diese abkühlen lassen.

# Butschelle

## FEINE ROSINENWECKERL AUS LINDAU

### Zutaten

*für 6 Personen*
*benötigte Zeit: 1 Std. Einweichen, 30 Min. Zubereitung, 1 Std. 45 Min. Gehen, 30 Min. Backen*

***Für den Teig:***
*120 g Sultaninen*
*250 ml Milch*
*60 g Butter*
*500 g Weizenmehl (Type 405)*
*25 g frische Hefe*
*2 zimmerwarme Eier (M)*
*80 g Feinkristall-Zucker*
*Salz*
*2–3 getrocknete Pflaumen (nach Belieben)*
*2–3 getrocknete Aprikosen (nach Belieben)*

***Außerdem:***
*Mehl zum Arbeiten*
*1 Ei (M)*
*3 EL Milch*

**1.** Die Sultaninen etwa 1 Std. in Wasser einweichen.

**2.** Für den Vorteig die Milch in einem Topf bei geringer Hitze handwarm erwärmen, die Butter in einem weiteren Topf schmelzen und handwarm abkühlen lassen.

**3.** Das Mehl in eine Schüssel sieben und mittig eine Mulde formen. Die Hefe in 80 ml von der Milch auflösen und in die Mulde geben. Etwas Mehl vom Rand darüberstäuben. Den Vorteig mit einem feuchten Tuch bedecken und an einem warmen Ort etwa 15 Min. gehen lassen.

**4.** Ein Ei trennen, das Eiweiß anderweitig verwenden. Eigelb, ganzes Ei, restliche Milch, Butter, Zucker und 1 Prise Salz zum Vorteig geben und alles vermengen.

**5.** Die Masse auf die Arbeitsfläche stürzen und mit den Händen in 8–10 Min. zu einem geschmeidigen Teig verkneten. Eingeweichte Sultaninen und je nach Wunsch die klein geschnittenen Trockenfrüchte unterkneten. Teig in die Schüssel geben, mit dem feuchten Tuch bedecken und an einem warmen Ort ca. 1 Std. gehen lassen.

**6.** Anschließend den Teig auf der bemehlten Arbeitsfläche kurz durchkneten und in 4 gleich große Portionen teilen. Die Teigstücke zu glatten Kugeln schleifen, d.h. in der hohlen Hand und mit etwas Druck auf der Arbeitsfläche kreisen lassen, bis die Oberfläche glatt und gewölbt ist. Ein Backblech mit Backpapier auslegen und die Teigkugeln daraufsetzen. Mit einem trockenen Tuch bedecken und weitere 15 Min. gehen lassen.

**7.** Den Backofen auf 170 °C Umluft vorheizen. Die Teigkugeln mit einem scharfen Messer oder einer Rasierklinge ca. 1 cm tief und rautenförmig einschneiden, dann nochmals 15 Min. gehen lassen.

**8.** Das Ei trennen, das Eiweiß anderweitig verwenden. Das Eigelb mit der Milch in einer kleinen Schale verquirlen. Butschelle mit Dottermilch einpinseln und im vorgeheizten Ofen (2. Schiene von unten) 25–30 Min. backen.

**9.** Anschließend das Gebäck aus dem Ofen nehmen und auf einem Kuchengitter auskühlen lassen. Die Butschelle schmeckt am besten frisch und sollte daher vorzugsweise innerhalb eines Tages gegessen werden.

Mohnkranzerl (oben) und Osterpinzen (rechts unten) bringen die bunten Ostereier erst richtig zur Geltung. Die Butschelle (rechts oben) werden traditionell zum Lindauer Kinderfest gebacken.

# Osterpinzen

GERMWECKERL MIT ANISWEIN

## Zutaten

*für 4 Stück; benötigte Zeit: 8 Std. Ziehen, 40 Min. Zubereitung, 2 Std. 25 Min. Gehen, 40 Min. Backen*

***Am Vortag:***

*125 ml trockener Weißwein (z. B. Riesling)*
*7 g Anissamen*

***Für den Teig:***

*100 l Milch*
*100 g Butter*
*1 Bio-Zitrone*
*20 g frische Hefe*
*500 g Weizenmehl (Type 405)*
*6 g feines Salz*
*3 zimmerwarme Eier (M)*
*80 g Puderzucker*

***Außerdem:***

*Mehl zum Arbeiten*
*2 Eier (M)*

**1.** Am Vorabend die Anissamen im Mörser zerstoßen, und mit dem Wein in einem Schraubglas vermischen. Das Glas verschließen und den Ansatz mindestens 8 Std. (über Nacht) bei Raumtemperatur stehen lassen.

**2.** Am nächsten Tag die Milch in einem kleinen Topf bei geringer Hitze handwarm erwärmen, die Butter in einem weiteren Topf bei geringer Hitze schmelzen lassen. Die Zitrone heiß waschen, abtrocknen und die Schale abreiben. Den Aniswein durch ein feines Sieb passieren.

**3.** Für den Vorteig die Hefe in eine Schüssel bröckeln und mit 3–4 EL von der erwärmten Milch und 2 EL vom Mehl zu einem Brei verrühren. Mit Frischhaltefolie bedeckt an einem warmen Ort ca. 15 Min. gehen lassen.

**4.** Übriges Mehl und Salz in einer Rührschüssel vermischen und mittig eine Mulde formen. Die Eier trennen, die Eiweiße anderweitig verwenden. Die Eigelbe mit Vorteig und Aniswein in die Mulde geben, restliche Milch, zerlassene Butter, Zitronenschale und Zucker hinzufügen und alle Zutaten in der Küchenmaschine in 10–12 Min. zu einem geschmeidigen Teig verkneten.

**5.** Teig mit einem feuchten Tuch bedeckt ca. 45 Min. gehen lassen. Dann auf der bemehlten Arbeitsfläche kurz verkneten und erneut ca. 45 Min. gehen lassen.

**6.** Zwei Backbleche mit Backpapier auslegen. Den Teig in 4 gleich große Portionen teilen. Die Teigstücke zu möglichst glatten Kugeln formen, auf die vorbereiteten Bleche setzen und weitere 20 Min. gehen lassen.

**7.** Jede Pinze mit einer Schere dreimal bis zu mindestens einem Drittel der Höhe einschneiden. Den Teig ein letztes Mal 15–20 Min. gehen lassen.

**8.** Den Backofen auf 180 °C vorheizen. Die Bleche nacheinander in den vorgeheizten Ofen (2. Schiene von unten) schieben und die Pinzen ca. 40 Minuten backen. Fertige Pinzen sind gut gebräunt, und klopft man auf die Unterseite, klingen sie hohl. Osterpinzen auskühlen lassen und zu einer typischen Osterjause servieren.

### TRADITIONELLE OSTERJAUSE

In Kärnten und der Steiermark werden zu den Pinzen Osterkrainer (geräucherte Brühwurst aus Schweinebrät), Schinken, Ostereier, frisch geriebener Meerrettich und Radieschen gereicht.

# Von der Hefe

**Was war zuerst da – Bier oder Hefegebäck? Hefe, oder wie wir in Österreich landläufig sagen, »Germ«, ist ein wichtiger Bestandteil der traditionellen Back- und Braukunst und in jedem Fall nicht wegzudenken.**

Hefe braucht es bei der Bierherstellung. Früher holten sich die Bäckereien der Umgebung ihren täglichen Bedarf an obergärigen Hefen von den Brauereien. Erst als diese größtenteils auf die zum Backen wenig geeignete untergärige Hefe umstellten, fing man an, die heutzutage übliche Backhefe industriell herzustellen. Hefe, in Österreich und Bayern »Germ« genannt, stellt einen Organismus aus einzelligen Pilzen dar. Diese ernähren sich von dem vorhandenen Zucker und der Stärke im Teig und wandeln beides unter anderem in Kohlenstoffdioxid um. Letzteres ist verantwortlich für die Bläschenbildung im Teig und lässt diesen aufgehen. Backhefe hat eine hohe Triebkraft und ist dadurch eine unverzichtbare Zutat für einen lockeren, flaumigen Teig und das typische Aroma von Hefegebäck.

**Frische Hefe** (Würfel zu 42 g) muss im Kühlschrank gelagert und innerhalb von zwei Wochen verbraucht werden. Je älter die Hefe, desto geringer die Triebkraft. Reste lassen sich problemlos einfrieren und erhalten nach dem Auftauen ihre vollständigen Eigenschaften zurück. Ein Päckchen **Trockenhefe** (7 g) entspricht einem halben Würfel frischer Hefe. Trockenhefe ist je nach Hersteller mindestens ein Jahr haltbar. Sie kann in etwas Flüssigkeit aufgelöst oder direkt unter den Teig gemischt werden. Ambitionierte Bäcker verwenden frische Hefe.

## HANDARBEIT ODER MASCHINE

Einen Hefeteig mit den Händen zu kneten ist ein wunderbarer Akt, der meiner Meinung nach zum Backen unbedingt dazugehört. Da größere Teigmengen aber kraftaufwendig sein können, greift man dann besser zur Küchenmaschine. Das Kneten beginnt, wenn alle Zutaten für den Teig vollständig vermischt sind. Eine weitere Zugabe von Mehl während des Knetens sollte vermieden werden. Den Teig so lange bearbeiten, bis er sich von der Arbeitsfläche bzw. der Rührschüssel löst und eine elastische Struktur hat. Das dauert von Hand je nach Kraft und Technik 10–15 Min., mit der Maschine bei mittlerer bis höherer Geschwindigkeit 6–8 Min.

## HEFETEIG GEHEN LASSEN

Nach dem Kneten gibt man dem Teig Zeit zu ruhen, zu gären, zu reifen und aufzugehen (Teigruhe, Teigreife, Stockgare). Zuletzt lässt man die geformten Teiglinge noch etwas gehen (Stückgare). Je länger die Stückgare, desto kürzer die Stockgare und umgekehrt.

Für die Stockgare sollten die Temperaturen zwischen 20 und 28 °C liegen. Bei mehr als 45 °C sterben die Hefepilze ab und der Teig ist unbrauchbar. Von einer kalten Führung spricht man, wenn man den Teig bei 5–10 °C gehen lässt. Diese Gare dauert mindestens 6 Std. und kann bei geringen Hefemengen auch 12–15 Std. dauern. Diese Methode wird oft für Pizzateig verwendet.

Ein perfekt gereifter Teig hat eine nicht klebende, matte Oberfläche und eine stabile Struktur. Das Gebäck geht wunderbar auf, hat eine gleichmäßig feine Porung und einen harmonischen Geschmack.

## VOM »ODAMPFLN«

Das Dampfl ist ein Vorteig. Die frische Hefe wird in etwas lauwarmer Flüssigkeit (25–28 °C) aufgelöst und mit wenig Mehl zu einem Brei verrührt. Oftmals wird auch 1 Prise Zucker zugefügt; verwendet man Milch im Teig, ist das nicht zwingend notwendig, da der vorhandene Milchzucker den Pilzkulturen ausreicht. Das Dampfl dient dazu, die Hefen zu aktivieren und zu vermehren und ihnen genug Kraft zu geben, einen schweren, fettreichen Teig mit aktivitätshemmenden Zutaten wie Salz, Fett und Gewürzen locker-luftig aufgehen zu lassen.

# Saftiger Nuss-Strudel

NICHT GEFLOCHTEN, SONDERN GEROLLT

## Zutaten

*für 8 Personen*

*benötigte Zeit: 30 Min. Zubereitung, 1. Std. 35 Min. Gehen, 35 Min. Backen*

***Für den Hefeteig:***

*200 ml Milch*
*500 g Weizenmehl (Type 405)*
*25 g frische Hefe*
*130 g zimmerwarme Butter*
*2 zimmerwarme Eier (M)*
*60 g Feinkristall-Zucker*
*Salz*

***Für die Füllung:***

*150 ml Milch*
*400 g frische Haselnusskerne*
*50 g Semmelbrösel*
*½ TL Zimtpulver*
*1 Prise gemahlene Nelken*
*1 Spritzer Rum (nach Belieben)*
*120 g Feinkristall-Zucker*

***Außerdem:***

*Mehl zum Arbeiten*
*1 Ei*
*3 EL Milch*
*Puderzucker zum Bestreuen*

**1.** Die Milch in einem kleinen Topf bei geringer Hitze handwarm erwärmen. Für den Vorteig das Mehl in eine Rührschüssel sieben und mittig eine Mulde formen. Die Hefe in 100 ml von der erwärmten Milch auflösen und in die Mulde geben. Etwas Mehl vom Rand darüberstäuben. Den Vorteig mit einem feuchten Tuch bedecken und an einem warmen Ort ca. 15 Min. gehen lassen.

**2.** Die zimmerwarme Butter in eine Schüssel geben und mit den Rührbesen des Handrührgeräts schaumig aufschlagen. Die Eier trennen, die Eiweiße beiseitestellen. Eigelbe, Zucker und 1 Prise Salz unter die Butter rühren.

**3.** Buttercreme mit restlicher Milch zum Vorteig geben und alles in der Küchenmaschine in 10–12 Min. zu einem seidigen Hefeteig verkneten. Den Teig mit einem feuchten Tuch bedecken und etwa 1 Std. gehen lassen.

**4.** Für die Füllung die Milch in einem kleinen Topf erhitzen. Die Nüsse in einer Pfanne ohne Fett anrösten, bis sie anfangen zu duften, dann fein zermahlen und in eine Schüssel geben. Semmelbrösel, Gewürze und die heiße Milch hinzufügen und alles gut vermischen.

**5.** Die beiseitegestellten Eiweiße in einen hohen Rührbecher geben und mit den Rührbesen des Handrührgeräts schaumig aufschlagen. Dabei den Zucker nach und nach einrieseln lassen. Den Eischnee mit einem Teigschaber unter die Nussmasse heben.

**6.** Ein Backblech mit Backpapier auslegen. Den Teig auf der leicht bemehlten Arbeitsfläche zu einem Rechteck mit 40 × 30 cm Kantenlänge ausrollen und dieses gleichmäßig dick mit der Nussfüllung bestreichen.

**7.** Den Teig von der langen Seite her möglichst eng einrollen und mit der Schnittstelle nach unten auf das vorbereitete Backblech legen. Den Nuss-Strudel mit einem trockenen Tuch bedecken und 20 Min. gehen lassen.

**8.** Backofen auf 180 °C vorheizen. Das Ei trennen, das Eiweiß anderweitig verwenden. Das Eigelb mit der Milch in einer kleinen Schale verquirlen.

**9.** Den Strudel mit Eiermilch bepinseln und im vorgeheizten Ofen (Mitte) 30–35 Min. backen. Nach dem Abkühlen mit Puderzucker bestreuen und servieren.

# Zimtschnecken

SCHMECKEN IMMER

## Zutaten

*für 12 Stück; benötigte Zeit: 40 Min. Zubereitung, 1 Std. 55 Min. Gehen, 25 Min. Backen, 3 Std. Trocknen*

***Für den Teig:***

*150 ml Milch*
*40 g Butter*
*15 g frische Hefe*
*50 g Feinkristall-Zucker*
*330 g Weizenmehl (Type 405)*
*1 TL Bourbon-Vanillezucker*
*1 zimmerwarmes Ei (L)*
*1 TL Rum (nach Belieben)*

***Für die Füllung:***

*60 g Butter*
*80 g Feinkristall-Zucker*
*3 TL Zimtpulver*

***Außerdem:***

*Mehl zum Arbeiten*
*1 Ei (M)*
*2 EL Milch*
*150 g Aprikosenkonfitüre*

**1.** Die Milch in einem Topf bei geringer Hitze handwarm erwärmen, die Butter in einem weiteren Topf bei geringer Hitze schmelzen und handwarm abkühlen lassen.

**2.** Für den Vorteig die Hefe in eine Schüssel bröckeln und mit 3–4 EL von der erwärmten Milch, 1 Prise vom Zucker und 2 EL vom Mehl zu einem Brei verrühren. Den Vorteig mit Frischhaltefolie bedecken und an einem warmen Ort ca. 15 Min. gehen lassen.

**3.** Zerlassene Butter mit Zucker, Vanillezucker und Ei in einer Schüssel verrühren. Nach Wunsch den Rum hinzufügen. Den Vorteig und die restliche Milch zugeben, das übrige Mehl darübersieben und alles gut vermengen.

**4.** Die Masse auf die Arbeitsfläche stürzen und mit den Händen in 10–12 Min. zu einem glatten Teig verkneten. Den Teig zurück in die Schüssel geben, mit einem feuchten Tuch bedecken und ca. 1 Std. gehen lassen.

**5.** Für die Füllung die Butter in einem kleinen Topf bei geringer Hitze zerlassen. Den Teig auf der bemehlten Arbeitsfläche rechteckig (ca. 45 × 25 cm) ausrollen, mit Butter einstreichen und gleichmäßig mit Zucker bestreuen. Das Zimtpulver darübersieben.

**6.** Ein Backblech mit Backpapier auslegen. Den Teig von der langen Seite her einrollen, in 12 gleich dicke Scheiben schneiden und diese mit etwas Abstand zueinander auf das vorbereitete Backblech setzen. Die Zimtschnecken weitere 30–40 Min. gehen lassen.

**7.** Den Backofen auf 170 °C Umluft vorheizen. Das Ei trennen, das Eiweiß anderweitig verwenden. Das Eigelb in einer kleinen Schale mit der Milch verrühren.

**8.** Zimtschnecken mit der Eiermilch bestreichen und im vorgeheizten Ofen (Mitte) in 20–25 goldbraun backen. Dann herausnehmen und etwas abkühlen lassen.

**9.** In der Zwischenzeit die Aprikosenkonfitüre mit 1 EL Wasser aufkochen und sehr heiß durch ein Sieb streichen. Die noch warmen Zimtschnecken dünn mit der heißen Konfitüre bepinseln und anschließend 2–3 Std. trocknen lassen. Frisch servieren.

# Topfen-golatschen

AUS SELBST GEMACHTEM PLUNDERTEIG

## Zutaten

*für 8 Stück, benötigte Zeit: 2 Std. Zubereitung, 3 Std. Gehen, 2 Std. 40 Min. Kühlen, 20 Min. Ruhen, 20 Min. Backen*

***Für den Teig:***

*500 g Weizenmehl (Type 405)*
*21 g frische Hefe*
*300 ml eiskalte Milch*
*30 g feiner Rohrzucker*
*10 g Salz*
*250 g Butter*

***Für die Füllung:***

*1 Bio-Zitrone*
*50 g Rosinen*
*2 EL Rum (nach Belieben)*
*1 Ei (M)*
*250 g Magerquark*
*1 EL Vanillepuddingpulver*
*1 TL Bourbon-Vanillezucker*
*70 g Puderzucker*
*40 g weiche Butter*

***Außerdem:***

*Mehl zum Arbeiten*
*1 Ei (M)*
*2 EL Milch*
*Puderzucker zum Bestreuen*

**1.** Für den Teig das Mehl in eine Rührschüssel sieben. Die Hefe auf das Mehl bröckeln, dann Milch, Zucker und Salz hinzufügen und alle Zutaten in der Küchenmaschine in 10–12 Min. zu einem geschmeidigen Teig verkneten. Den Hefeteig mit Frischhaltefolie und einem feuchten Tuch abdecken und 2–3 Std. in den Kühlschrank stellen.

**2.** Butter etwa 20 Min. vor Ende der Gehzeit aus dem Kühlschrank nehmen. Den Teig auf der leicht bemehlten Arbeitsfläche rechteckig (ca. 40 × 22 cm) ausrollen.

**3.** Die Butter zwischen 2 Bögen Backpapier zu einem ca. 1 cm dicken Quadrat (ca. 20 × 20 cm) ausrollen und in die Mitte des Hefeteiges legen. Den Teig so darüber falten, dass er in der Mitte etwas überlappt. Den Hefeteig überall sorgfältig verschließen, mit etwas Mehl bestäuben und mit dem Falz nach unten wenden.

**4.** Den Teig behutsam zu einem Rechteck (90 × 20 cm) ausrollen. Ein Drittel des Teiges von der schmalen Seite zur Mitte falten und das gegenüberliegende Teigstück komplett darüberlegen. Teig auf ein Brett geben, mit Frischhaltefolie abdecken und 30–40 Min. kalt stellen.

**5.** Schritt 4 noch weitere drei Male wiederholen. Dabei den Teig vor jedem Ausrollen wenden. Teig kühl stellen.

**6.** Für die Füllung die Zitrone heiß waschen, abtrocknen und die Schale fein abreiben. Die Rosinen nach Belieben ca. 30 Min. in Rum (ersatzweise Wasser) einweichen. Das Ei trennen, das Eiweiß verquirlen und beiseitestellen. Quark mit Vanillepuddingpulver, Vanillezucker, Puderzucker, Butter, Zitronenschale und Eigelb glatt rühren. Zuletzt die eingeweichten Rosinen untermischen.

**7.** Vom Plunderteig 600 g abnehmen, den Rest anderweitig verwenden (siehe Info). Den Teig auf der leicht bemehlten Arbeitsfläche rechteckig (72 × 36 cm) ausrollen und in 8 Quadrate zu 18 × 18 cm schneiden. Auf jedes Teigquadrat mittig 1 EL Quarkmasse geben.

**8.** Nun bei jedem Teigquadrat eine Ecke des Teiges in die Mitte über die Füllung klappen und die Spitze mit dem verquirlten Eiweiß einstreichen. Die diagonal gegenüberliegende Spitze in die Mitte klappen und auf die eingestrichene Teigspitze drücken. Die restlichen zwei Teigspitzen gleichfalls in die Mitte klappen und sorgfältig mit Eiweiß zusammenkleben. Golatschen im Kühlschrank etwa 20 Min. ruhen lassen.

**9.** Inzwischen den Backofen auf 220 °C Umluft vorheizen. Zwei Backbleche mit Backpapier auslegen. Das Ei trennen, das Eiweiß anderweitig verwenden. Das Eigelb in einer kleinen Schale mit der Milch verrühren.

**10.** Je vier Golatschen mit genügend Abstand auf die Backbleche setzen und mit Eiermilch einpinseln. Die Bleche gleichzeitig in den Ofen schieben. Die Teilchen 10 Min. anbacken, dann die Temperatur auf 190 °C senken und die Golatschen in ca. 10 Min. knusprig braun backen. Noch warm mit Puderzucker bestreuen.

### MEHR DARAUS MACHEN

Manche Teige lassen sich nur in größeren Mengen herstellen. Die in diesem Rezept angegebenen Zutaten für den Teig ergeben 1 kg Plunderteig. Andererseits schmecken Topfengolatschen am besten frisch aus dem Ofen, weshalb man nur so viele backen sollte, wie auch innerhalb eines Tages verzehrt werden. Für acht Stück reichen 600 g Teig, was übrig bleibt, können Sie jedoch prima tiefgekühlt aufbewahren und bei Bedarf weiterverwenden. Dazu den Teig über Nacht im Kühlschrank auftauen lassen und am nächsten Tag zu Croissants, Pain au chocolat und Hörnchen verarbeiten. So lohnt sich der Aufwand doppelt!

# Windbeutel (Brandteigkrapfen)

MIT VANILLECREME

## Zutaten

*für 25 Stück*

*benötigte Zeit: 1 Std. Zubereitung, 1 Std. Abkühlen, 14 Min. Backen*

***Für den Teig:***

*100 g Butter*
*Salz*
*250 g Weizenmehl (Type 405)*
*6 Eier (M)*

***Für die Füllung:***

*250 ml Milch*
*40 g Feinkristall-Zucker*
*10 g Bourbon-Vanillezucker*
*Salz*
*1 Pck. Vanillepuddingpulver*
*250 ml eiskalte Sahne*

***Außerdem:***

*1 Spritzbeutel mit Sterntülle (1–1,5 cm)*
*Puderzucker zum Bestreuen*

**1.** 250 ml Wasser mit Butter und 1 Prise Salz in eine Stielkasserolle geben und kurz aufkochen lassen. Das Mehl in einem Schwung in das kochende Wasser stürzen und mit einem Kochlöffel zügig unterrühren.

**2.** Die Masse mit dem Kochlöffel bei mittlerer Hitze so lange rühren und kneten, bis ein geschmeidiger, glatter Teigkloß entstanden ist und dieser sich vom Topfboden löst (1). Den Teig in eine Rührschüssel geben und warm abkühlen lassen.

**3.** Dann 1 Ei unter den Teig rühren, bis es vollständig eingearbeitet ist (2). Restliche Eier in gleicher Weise einrühren, bis eine glänzende, weiche Masse entsteht (3).

**4.** Backofen auf 220 °C vorheizen. Ein Backblech mit Backpapier auslegen. Den Brandteig in einen Spritzsack mit Sterntülle füllen und Rosetten gleicher Größe auf das Backpapier spritzen (4), dabei 4–5 cm Abstand lassen, damit die Brandteigkrapfen beim Backen nicht aneinanderkleben. Im vorgeheizten Ofen (Mitte) 12–14 Min. backen und anschließend abkühlen lassen.

**5.** Für die Füllung 200 ml Milch mit Zucker, Vanillezucker und 1 Prise Salz aufkochen. Das Puddingpulver mit der restlichen Milch verquirlen, unter stetem Rühren in die kochende Milch geben und ein paar Sekunden sprudelnd kochen lassen. Dann den Topf vom Herd nehmen und den Pudding abgedeckt lauwarm abkühlen lassen.

**6.** Inzwischen die fertig gebackenen Brandteigkrapfen mit einem Sägemesser halbieren. Die eiskalte Sahne steif schlagen und zügig unter den Pudding heben.

**7.** Die Vanillecreme in den Spritzbeutel mit Sterntülle füllen und rasch auf die Brandteigböden spritzen. Die Hauben aufsetzen und leicht festdrücken. Die Windbeutel mit etwas Puderzucker bestreut servieren.

**VARIANTEN**

- Es muss nicht immer Vanillecreme sein! Ruck, zuck gemacht und immer wieder anders ist auch eine Füllung mit verschiedenen Eissorten.
- Oder wie wäre es mit einer Portion Schlagsahne, verfeinert mit frischen Erdbeeren oder einer Mischung aus sonnengereiften Beeren?
- Wer es lieber schokoladig mag, lässt 200 g Zartbitterschokolade in 200 g erwärmter Sahne schmelzen und im Kühlschrank wieder abkühlen. Anschließend kurz cremig aufschlagen und die Windbeutel mit der »Ganache«, so heißt die Creme, füllen.

# Blechkuchen

Man nehme eine Grundlage wie Hefe- oder Mürbteig, belege diese mit Obst oder einer Zubereitung aus Mohn, Grieß oder Quark und streue gehackte Nüsse, Streusel oder einfach nur Puderzucker darüber – fertig ist der Blechkuchen! Variationen gibt es viele, doch eines ist allen gemein: Sie kommen immer prima an!

# Grundrezept Quark-Öl-Teig

EINFACH UND SCHNELL GEMACHT

## Zutaten

*für 1 Backblech mit 23 × 34 cm; benötigte Zeit: 15 Min. Zubereitung, 25 Min. Backen*

*200 g Magerquark*
*70 ml geschmacksneutrales Sonnenblumenöl*
*1 Ei (M)*
*60 g Feinkristall-Zucker*
*Salz*
*300 g Weizenmehl (Type 405)*
*1 Pck. Backpulver*

***Außerdem:***
*Mehl zum Arbeiten*
*40 g Butter*

### MEHR DARAUS MACHEN

Quark-Öl-Teig lässt sich ähnlich wie Hefeteig für Blechkuchen und Kleingebäck wie Fladen oder Taler verwenden und entsprechend belegen. Sie können den Teig aber auch vorbacken, abkühlen lassen und erst dann mit einer Creme oder Konfitüre bestreichen bzw. mit dem gewünschten Obst garnieren. Für deftige Blechkuchen, Pizzen und herzhaftes Gebäck einfach den Zucker weglassen und ein geschmackvolles Öl (Olivenöl) oder Fett (Schweineschmalz) verwenden.

**1.** Den Backofen auf 180 °C vorheizen. Ein Backblech mit einem Bogen Backpapier auslegen. Die Butter in einem kleinen Topf bei geringer Hitze zerlassen.

**2.** Quark, Sonnenblumenöl und Ei in eine Rührschüssel geben und glatt rühren. In einer weiteren Schüssel den Zucker mit 1 Prise Salz, Mehl und Backpulver mischen.

**3.** Den Mehl-Mix mit einem Kochlöffel unter die Quarkmasse rühren, dann alles auf die Arbeitsfläche stürzen und rasch zu einem glatten Teig verkneten.

**4.** Den Teig auf der leicht bemehlten Arbeitsfläche auf die Größe des Backblechs ausrollen, auf das Backpapier geben und mit zerlassener Butter einstreichen.

**5.** Nun kann der Teig nach Belieben mit Obst und Streuseln belegt werden. Anschließend im vorgeheizten Ofen (2. Schiene von unten) ca. 25 Min. backen.

## Tipps & Tricks

Damit der Teig gelingt:

- Der Teig funktioniert mit Magerquark oder Quark einer höheren Fettstufe. Hauptsache, feucht und cremig.
- Verwenden Sie ein geschmacksneutrales Speiseöl wie z. B. Sonnenblumen-, Raps- oder Maiskeimöl.
- Die »feuchten« (Quark, Öl, Ei) und die »trockenen« (Zucker, Salz, Mehl, Backpulver) Zutaten zunächst in separaten Schüsseln vermischen und erst dann mit einem Kochlöffel oder den Knethaken des Handrührgeräts kurz miteinander vermengen.
- Die Masse mit den Händen in max. 30 Sek. zu einem glatten Teig verkneten. Wenn's länger dauert, beginnt der Teig zu kleben und verliert seine Form.
- Den Teig rasch auf einer leicht bemehlten Arbeitsfläche ausrollen. Vor dem Belegen mit Obst unbedingt mit zerlassener Butter oder Öl dünn bestreichen.
- Dann rasch in den Ofen schieben und nicht zu heiß backen (bis 180 °C Ober-/Unterhitze, 160 °C Umluft).
- Je schneller der Teig verarbeitet wird, desto besser geht er auf und desto lockerer wird der Kuchen.

# Aprikosenkuchen

## MIT DINKELMEHL UND PISTAZIEN

**Zutaten** *für 1 Backblech mit 30 × 35 cm; benötigte Zeit: 25 Min. Zubereitung, 35 Min. Backen*

*ca. 20 Aprikosen*
*1 Bio-Zitrone*
*1 Vanilleschote*
*250 g weiche Butter*
*180 g Puderzucker*
*Salz*
*400 g Dinkelmehl (Type 630)*
*1 TL Backpulver*
*4 Eier (M)*
*200 ml Milch*
*2–3 EL gehackte Pistazien*

**1.** Aprikosen waschen, halbieren, entsteinen. Die Zitrone heiß waschen, abtrocknen und die Schale fein abreiben. Vanilleschote längs halbieren und das Mark mit einem Messer herausschaben.

**2.** Die zimmerwarme Butter mit Puderzucker, 1 Prise Salz, Zitronenschale und Vanillemark in eine Schüssel geben und mit den Rührbesen des Handrührgeräts luftig-cremig aufschlagen.

**3.** Das Mehl in eine Schüssel sieben und mit Backpulver vermengen.

**4.** Die Eier einzeln mit je 1–2 EL von dem Mehl-Mix unter die Buttercreme schlagen. Übriges Mehl im Wechsel mit der Milch unterrühren.

**5.** Den Backofen auf 180 °C vorheizen. Das Backblech mit Backpapier auslegen. Den Teig daraufgeben und gleichmäßig verstreichen, dann mit den halbierten Aprikosen belegen und mit Pistazien bestreuen.

**6.** Im vorgeheizten Ofen (Mitte) etwa 30–35 Min. backen. Danach etwas abkühlen lassen und nach Wunsch mit Puderzucker bestreuen.

# Sommerlicher Beerendatschi

MIT QUARK-ÖL-TEIG

## Zutaten

*für 1 Backblech mit 30×35 cm*
*benötigte Zeit: 25 Min. Zubereitung, 25 Min. Backen*

***Für die Streusel:***
*150 g Weizenmehl (Type 405)*
*80 g eiskalte Butter*
*80 g Feinkristall-Zucker*
*1 TL Bourbon-Vanillezucker*
*1 TL abgeriebene Bio-Orangenschale*
*Salz*

***Für den Teig:***
*200 g Magerquark*
*70 ml geschmacksneutrales Sonnenblumenöl*
*1 Ei (M)*
*60 g Feinkristall-Zucker*
*Salz*
*300 g Weizenmehl (Type 405)*
*1 Pck. Backpulver*

***Für den Belag:***
*1 kg gemischte Beeren (z. B. Himbeeren, Heidelbeeren, Brombeeren, Stachelbeeren, Johannisbeeren)*
*2 TL flüssiger Honig*
*40 g Haferflocken (ersatzweise Getreideflocken nach Belieben)*

***Außerdem:***
*Mehl zum Arbeiten*
*40 g Butter*
*Puderzucker zum Bestäuben*

**1.** Für die Streusel das Mehl auf die Arbeitsfläche sieben. Butter in Würfeln, Zucker, Vanillezucker, Orangenschale und 1 Prise Salz darüber verteilen. Die Zutaten mit einer Teigkarte verhacken und dann mit den Fingern rasch zu Krümeln zerreiben. Die Streusel kühl stellen.

**2.** Den Backofen auf 180 °C vorheizen. Ein Backblech mit einem Bogen Backpapier auslegen. Die Butter in einem kleinen Topf bei geringer Hitze schmelzen. Die Beeren verlesen, kurz abbrausen und abtropfen lassen.

**3.** Für den Teig Quark, Öl und Ei in eine Rührschüssel geben und glatt rühren. In einer weiteren Schüssel den Zucker mit 1 Prise Salz, Mehl und Backpulver mischen.

**4.** Den Mehl-Mix mit einem Kochlöffel unter die Quarkmasse rühren, dann alles auf die Arbeitsfläche stürzen und rasch zu einem glatten Teig verkneten.

**5.** Den Teig auf der leicht bemehlten Arbeitsfläche auf die Größe des Backblechs ausrollen, auf das Backpapier geben und mit der zerlassenen Butter einstreichen.

**6.** Die abgetropften Beeren gleichmäßig auf dem Teig verteilen und mit Honig beträufeln. Anschließend die Streusel und Haferflocken locker darüberstreuen.

**7.** Den Kuchen im heißen Ofen (2. Schiene von unten) ca. 25 Min. backen. Danach herausnehmen, etwas abkühlen lassen und noch warm mit Puderzucker bestreuen. Der Beerendatschi schmeckt am besten frisch.

# Zwetschgendatschi

DER KLASSIKER MIT HEFETEIG

## Zutaten

*für 1 Backblech mit 30 × 35 cm*
*benötigte Zeit: 45 Min. Zubereitung, 1 Std. 30 Min. Gehen, 30 Min. Backen*

***Für den Teig:***
*220 ml Milch*
*50 g Butter*
*1 Bio-Zitrone*
*500 g Weizenmehl (Type 405)*
*21 g frische Hefe*
*2 zimmerwarme Eier (M)*
*50 g Feinkristall-Zucker*
*Salz*

***Für die Streusel:***
*150 g Weizenmehl (Type 405)*
*80 g kalte Butter*
*70 g Feinkristall-Zucker*
*10 g Vanillezucker*
*1 Prise Zimtpulver*
*Salz*

***Für den Belag:***
*2 kg reife Zwetschgen*
*30 g Mandelstifte*
*Puderzucker zum Bestreuen*

***Außerdem:***
*Mehl zum Arbeiten*
*Fett für das Backblech*

**1.** Die Milch in einem kleinen Topf bei geringer Hitze handwarm erwärmen. Die Butter in einem weiteren Topf bei geringer Hitze zerlassen. Zitrone heiß waschen, abtrocknen und die Schale fein abreiben

**2.** Für den Vorteig das Mehl in eine Schüssel sieben und mittig eine Mulde formen. Die Hefe in 100 ml von der erwärmten Milch auflösen und in die Mulde geben. Etwas Mehl vom Rand darüberstäuben. Den Vorteig mit einem feuchten Tuch bedecken und an einem warmen Ort ca. 15 Min. gehen lassen.

**3.** Übrige Milch, zerlassene Butter und Zitronenschale mit Eiern, Zucker und 1 Prise Salz zum Vorteig geben und in der Küchenmaschine in 10–12 Min. zu einem geschmeidigen Teig verkneten. Bei Bedarf esslöffelweise Milch nachgeben, bis die gewünschte Konsistenz erreicht ist. Den Teig mit einem feuchten Tuch bedecken und ca. 1 Std. an einem warmen Ort gehen lassen.

**4.** In der Zwischenzeit die Zwetschgen gut waschen, an den Enden über Kreuz einschneiden (1), dabei auf einer Seite halbieren (2), sodass die Viertel an der Haut noch zusammenhängen (3). Den Stein herausnehmen.

**5.** Für die Streusel das Mehl auf die Arbeitsfläche sieben. Butter in Würfeln, Zucker, Vanillezucker, Zimt und 1 Prise Salz darüber verteilen. Die Zutaten mit einer Teigkarte verhacken und dann mit den Fingern rasch zu Krümeln zerreiben. Die Streusel kühl stellen.

**6.** Den Backofen auf 200 °C vorheizen. Das Blech fetten und mit Mehl einstäuben. Teig auf der bemehlten Arbeitsfläche auf die Größe des Bleches ausrollen, hineinlegen und mit einer Gabel mehrmals einstechen.

**7.** Teig dachziegelartig und eng aneinanderliegend mit Zwetschgen belegen (4). Streusel und Mandelstifte darüber verteilen und den Teig weitere 15 Min. gehen lassen.

**8.** Den Datischi im heißen Ofen (Mitte) in ca. 30 Min. goldbraun backen. Herausnehmen, etwas abkühlen lassen und noch warm mit Puderzucker bestreuen.

### IMMER WIEDER ANDERS

Kaum ein anderer Kuchen wird auf so viele unterschiedliche Arten zubereitet wie der Zwetschgenkuchen. Je nach Region findet man Varianten mit Quark-Öl-Teig (Grundrezept siehe Seite 48), Mürbteig (Grundrezept siehe Seite 140) oder eben Hefeteig, man genießt ihn mit Streuseln, mit Zucker und Zimt bestreut oder mit Sahne. Hauptsache, er ist dicht an dicht mit Zwetschgen belegt!

# Rhabarber-datschi

MIT MARZIPANSTREUSELN

## Zutaten

*für 1 Backblech mit 30 × 35 cm*
*benötigte Zeit: 30 Min. Zubereitung, 1 Std. 15 Min. Gehen, 30 Min. Backen*

***Für den Teig:***
*180 ml Milch*
*50 g Butter*
*½ Bio-Orange*
*20 g frische Hefe*
*400 g Weizenmehl (Type 405)*
*50 g geschälte gemahlene Mandeln*
*50 g Marzipanrohmasse*
*50 g Feinkristall-Zucker*
*2 zimmerwarme Eier*
*Salz*

***Für die Marzipanstreusel:***
*30 g Marzipanrohmasse*
*20 g eiskalte Butter*
*40 g Weizenmehl (Type 405)*
*25 g Feinkristall-Zucker*
*1 TL Vanillezucker*

***Für den Belag:***
*1–1,2 kg Rhabarber (in dünnen Stangen)*
*Puderzucker zum Bestreuen*

***Außerdem:***
*Mehl zum Arbeiten*
*Fett für das Blech*

**1.** Die Milch in einem Topf bei geringer Hitze handwarm erwärmen, die Butter in einem weiteren Topf bei geringer Hitze schmelzen und handwarm abkühlen lassen. Orange heiß waschen, abtrocknen und die Schale abreiben.

**2.** Für den Vorteig die Hefe in eine Schüssel bröckeln und mit 80 ml von der erwärmten Milch und 2 EL vom Mehl zu einem Brei verrühren. Mit Frischhaltefolie bedeckt an einem warmen Ort ca. 15 Min. gehen lassen.

**3.** Restliches Mehl und Mandeln in eine Rührschüssel geben und mittig eine Mulde formen. Marzipan auf der Gemüsereibe grob raspeln und mit Zucker, Orangenschale sowie ½ TL Salz über dem Mehl-Mix verteilen.

**4.** Ein Ei trennen, das Eiweiß anderweitig verwenden. Eigelb und ganzes Ei mit der restlichen Milch und der zerlassenen Butter in die Mulde geben. Den Vorteig zufügen und sämtliche Zutaten in der Küchenmaschine in 10–12 Min. zu einem glatten, geschmeidigen Teig verkneten. Den Hefeteig in eine Schüssel geben, mit einem feuchten Tuch bedecken und etwa 1 Std. gehen lassen.

**5.** Für die Streusel Marzipan grob raspeln, die Butter würfeln. Das Mehl auf die Arbeitsfläche sieben. Marzipan, Butterwürfel, Zucker und Vanillezucker darüber verteilen, alles mit einer Teigkarte verhacken und dann mit den Fingern zu Krümeln zerreiben. Kühl stellen.

**6.** Den Rhabarber waschen, bei Bedarf schälen und in knapp 25 cm lange Stangen schneiden.

**7.** Den Backofen auf 180 °C vorheizen. Das Blech mit Backpapier auslegen. Den Teig auf die Größe des Bleches ausrollen, auf das Backpapier geben und in die Ecken drücken. Die Rhabarberstangen dicht an dicht auf den Teig setzen, die Streusel darüber verteilen.

**8.** Rhabarberdatschi im heißen Ofen (Mitte) 30–35 Min. backen und mit Puderzucker bestreut servieren.

# Schmierkuchen

NICHT NUR FÜR GRIESSBREI-FANS

## Zutaten

*für 1 Backblech mit 30 × 35 cm*
*benötigte Zeit: 30 Min. Zubereitung, 1 Std. 15 Min. Gehen, 30 Min. Backen*

***Für den Teig:***
*250 ml Milch*
*120 g Butter*
*1 Bio-Zitrone*
*25 g frische Hefe*
*500 g Weizenmehl (Type 405)*
*3 zimmerwarme Eier (M)*
*100 g Feinkristall-Zucker*
*Salz*

***Für den Belag:***
*50 g Rosinen*
*2 EL Rum (nach Belieben)*
*1 Briefchen Safranfäden*
*2 l Milch*
*Salz*
*250 g Weichweizengrieß*
*200 g Butter*
*120 g Feinkristall-Zucker*
*2 TL Vanillezucker*
*2 Eier (M)*

***Außerdem:***
*Mehl zum Arbeiten*

**1.** Die Milch in einem Topf bei geringer Hitze handwarm erwärmen, die Butter in einem weiteren Topf bei geringer Hitze schmelzen und handwarm abkühlen lassen. Die Zitrone heiß waschen, abtrocknen, die Schale abreiben.

**2.** Für den Vorteig die Hefe in eine Schüssel bröckeln und mit 3–4 EL von der erwärmten Milch und 2 EL vom Mehl zu einem Brei verrühren. Mit Frischhaltefolie bedeckt an einem warmen Ort ca. 15 Min. gehen lassen.

**3.** Übriges Mehl in eine Rührschüssel sieben und mittig eine Mulde formen. Vorteig mit restlicher Milch, zerlassener Butter, Zitronenschale, Eiern, Zucker und 1 kräftigen Prise Salz in die Mulde geben und alles in der Küchenmaschine in 10–12 Min. zu einem geschmeidigen Teig verkneten. Den Teig mit einem feuchten Tuch bedecken und an einem warmen Ort ca. 1 Std. gehen lassen.

**4.** Für den Belag die Rosinen nach Belieben ca. 30 Min. in Rum (ersatzweise Wasser) einweichen. Die Safranfäden in 2 EL von der Milch ziehen lassen.

**5.** Restliche Milch mit 1 Prise Salz in einem Topf aufkochen, dann den Grieß einrieseln lassen und mit einem Schneebesen unterrühren. Den Grieß 1 Min. bei geringer Hitze quellen lassen, dann den Topf vom Herd nehmen.

**6.** Butter, Zucker und Vanillezucker in die »Grießschmiere« rühren, diese in eine Schüssel umfüllen und zugedeckt lauwarm abkühlen lassen. Zuletzt die Eier unterziehen und die Safranfäden mit der Milch unterrühren.

**7.** Den Backofen auf 180 °C vorheizen, das Blech mit Backpapier auslegen. Den Teig auf der leicht bemehlten Arbeitsfläche auf die Größe des Bleches ausrollen und mit den Fingern einen verdickten Rand formen. Auf das vorbereitete Blech setzen und ca. 20 Min. gehen lassen.

**8.** Danach den Teig mit der Grießschmiere bestreichen und mit den Rosinen bestreuen. Im vorgeheizten Ofen (2. Schiene von unten) 10 Min. anbacken, dann mit Backpapier bedecken und in ca. 20 Min. fertig backen. Den Kuchen am besten lauwarm genießen.

# Mohnkuchen

## FRUCHTIGE VARIANTE VOM BLECH

### Zutaten

*für 1 Backblech mit 30 × 35 cm*
*benötigte Zeit: 1 Std. Zubereitung, 2 Std. Kühlen, 8 Std. Ziehen*

***Für den Teig:***
*1 Bio-Orange*
*5 Eier (M)*
*170 g Feinkristall-Zucker*
*2 TL Vanillezucker*
*1 Prise Zimtpulver*
*150 g Weichweizengrieß*
*250 g gemahlener Mohn*
*40 g Speisestärke*
*200 g Öl*

***Für den Sirup:***
*50 g heller Rohrzucker*
*1 TL Rum*

***Für den Belag:***
*200 g Magerquark*
*150 g Schmand*
*1 TL Vanillezucker*
*250 g eiskalte Schlagsahne*

***Außerdem:***
*1 Spritzbeutel*
*1 Sterntülle (ca. 12–14 mm)*

**1.** Backofen auf 170 °C Umluft vorheizen. Die Orange heiß waschen, abtrocknen und die Schale fein abreiben. Dann die Orange halbieren und den Saft auspressen.

**2.** Eier, Zucker, Vanillezucker, Zimt und Orangenschale in eine Rührschüssel geben und mit den Rührbesen des Handrührgeräts bei mittlerer Geschwindigkeit zu einer möglichst luftigen Creme rühren.

**3.** Weizengrieß, gemahlenen Mohn und Speisestärke unterheben. Zuletzt das Öl in dünnem Strahl einfließen lassen und bei geringer Geschwindigkeit unterrühren.

**4.** Das Backblech mit Backpapier auslegen. Die Mohnmasse daraufgeben und gleichmäßig bis zum Rand verstreichen. Im heißen Ofen (2. Schiene von unten) 30–35 Min. backen, danach auskühlen lassen.

**5.** Orangensaft mit Rohrzucker in einen Topf geben, aufkochen und bei geringer Hitze in 15 Min. offen zu einem Sirup einkochen. Lauwarm abkühlen lassen.

**6.** Den Mohnkuchen mit einem Holzstäbchen mehrmals einstechen und gleichmäßig mit Sirup bepinseln. Den Kuchen abgedeckt mindestens 8 Std. ziehen lassen.

**7.** Quark, Schmand und Vanillezucker in einer Schüssel glatt verrühren. Sahne steif schlagen und luftig unterheben. Die Creme in einen Spritzsack mit Sterntülle füllen und in Tupfen auf den Kuchen spritzen. Frisch servieren.

### TIPP

**Mohn** wird sehr schnell ranzig, daher möglichst frisch kaufen und verwenden. Übrigen Mohn in einem gut verschließbaren Gefäß im Kühlschrank aufbewahren oder einfach einfrieren.

Schmierkuchen, hier mit klassischer Grießschmiere (oben), kann auch mit Mohn, Quark oder Butter zubereitet werden. Der Mohnkuchen (rechts) überrascht mit einer fruchtigen Geschmacksnote!

# Käsekuchen vom Blech

ZU JEDER JAHRESZEIT

## Zutaten

*für 1 Backblech mit 30 × 35 cm*
*benötigte Zeit: 30 Min. Zubereitung, 1 Std. Kühlen, 55 Min. Backen*

***Für den Teig:***
*250 g Weizenmehl (Type 405)*
*1 TL Backpulver*
*70 g Puderzucker*
*130 g eiskalte Butter*
*1 Prise Salz*

***Für den Belag:***
*1 Bio-Zitrone*
*6 Eier (M)*
*120 g weiche Butter*
*200 g Feinkristall-Zucker*
*1 EL Vanillezucker*
*750 g Magerquark*
*250 g Schmand*
*2 EL Speisestärke*
*600 g Erdbeerkonfitüre*

### TIPPS

Der **Mürbteig** kann mit jeder gewünschten Konfitüre bestrichen werden, genauso gut schmecken aber auch Apfelmus, Zwetschgenmus, Preiselbeerkompott oder Marillenröster.
Sollte der **Quark** (in Österreich: Topfen) zu feucht und cremig sein, einfach 1 kg Quark in ein mit einem Küchentuch ausgelegtes Sieb geben und über Nacht abtropfen lassen.

**1.** Für den Teig das Mehl mit Backpulver und Puderzucker auf die Arbeitsfläche sieben. Butter würfeln und mit Salz darüber verteilen. Die Zutaten mit einer Teigkarte verhacken. Dann mit den Fingern zu Krümeln zerreiben und möglichst flott zu einem glatten Teig verkneten. In Frischhaltefolie gewickelt etwa 1 Std. kühl stellen.

**2.** Den Backofen auf 170 °C Umluft vorheizen. Für den Belag die Zitrone heiß waschen, abtrocknen und die Schale fein abreiben. Die Eier trennen.

**3.** Die zimmerwarme Butter in einer tiefen Schüssel mit den Rührbesen des Handrührgeräts weiß-schaumig rühren. Eigelbe, 80 g Zucker, Vanillezucker und Zitronenschale zufügen und zu einer luftigen Creme schlagen.

**4.** In einer weiteren Schüssel den Quark mit Schmand und Speisestärke glatt rühren. Die Eiweiße in einem hohen Rührbecher schaumig aufschlagen, dabei unter Rühren den restlichen Zucker langsam einrieseln lassen und alles zu einem geschmeidigen Eischnee schlagen.

**5.** Die Buttercreme mit der Quarkmasse verrühren und den Eischnee mit einem Teigschaber luftig unterheben.

**6.** Den Mürbteig auf einem Bogen Backpapier dünn ausrollen und in das Blech legen. Den Teig mit Erdbeerkonfitüre bestreichen, die Quarkmasse darauf verteilen.

**7.** Kuchen im vorgeheizten Ofen (unten) 50–55 Min. backen. Danach herausnehmen und auskühlen lassen.

# Himbeer-Quark-Kuchen

SOMMERLICH FRISCH

## Zutaten

*für 1 Backblech mit 30 × 35 cm*
*benötigte Zeit: 30 Min. Zubereitung, 40 Min. Backen*

***Für den Teig:***
*200 g weiche Butter*
*Salz*
*1 Prise Zimtpulver*
*1 Ei (M)*
*300 g Weizenmehl (Type 405), ersatzweise Dinkelmehl (Type 630)*
*80 g gemahlene Mandeln*
*1 Pck. Backpulver*
*100 g Feinkristall-Zucker*

***Für den Belag:***
*500 g frische Himbeeren*
*1 Bio-Zitrone*
*1 Pck. Vanillepuddingpulver*
*4 EL Milch*
*1 kg Quark (10 % Fett)*
*160 g Feinkristall-Zucker*
*2 TL Vanillezucker*
*1 Ei (M)*

**1.** Für den Teig die Butter in einer tiefen Schüssel mit den Rührbesen des Handrührgeräts luftig-schaumig rühren. 1 Prise Salz, Zimt und das Ei unterrühren.

**2.** Mehl, gemahlene Mandeln, Backpulver und Zucker in eine Rührschüssel geben und vermischen. Buttercreme zufügen und alles rasch zu einem glatten Teig verkneten.

**3.** Das Blech mit Backpapier auslegen. Den Teig darauf geben und mit den Händen und Fingern gleichmäßig flach drücken. Den Backofen auf 180 °C vorheizen.

**4.** Für den Belag Himbeeren verlesen, kurz abbrausen und abtropfen lassen. Die Zitrone heiß waschen und abtrocknen, die Schale fein abreiben, den Saft auspressen.

**5.** Vanillepuddingpulver in einer Schüssel mit der Milch verrühren. Quark, Zucker, Vanillezucker und Ei hinzufügen und alle Zutaten glatt verrühren.

**6.** Die Quarkcreme auf den Mürbteig streichen und mit Himbeeren belegen. Den Kuchen im vorgeheizten Ofen (2. Schiene von unten) ca. 40 Min. backen. Dann herausnehmen, abkühlen lassen und frisch servieren.

### VARIANTEN

- Den Kuchen nach Lust und Laune mit verschiedenen Beeren oder Obst wie Aprikosen, Pfirsichen, Zwetschgen und Kirschen backen.
- »Rohköstler« können den Kuchen auch nur mit der Quarkcreme bestreichen und in den Ofen geben. Nach dem Backen abkühlen lassen und erst dann mit Himbeeren oder Obst belegen.

# Gedeckter Birnenkuchen

SCHMECKT NACH MEHR!

**Zutaten** *für 1 Backblech mit 20 × 30 cm*
*benötigte Zeit: 40 Min. Zubereitung, 1 Std. Kühlen, 50 Min. Backen*

***Für den Teig:***
*350 g Weizenmehl (Type 405)*
*1 TL Backpulver*
*60 g gemahlene Mandeln*
*100 g Puderzucker*
*1 Prise Salz*
*170 g eiskalte Butter*
*2 Eier (M)*

***Für die Füllung:***
*1 Bio-Zitrone*
*1,5 kg reife Birnen*
*100 g Feinkristall-Zucker*
*2 TL Vanillezucker*
*1 Prise gemahlener Piment*
*1 Prise Zimtpulver*
*80 g gemahlene Mandeln*

***Außerdem:***
*Butter und Mehl für das Blech*
*Mehl zum Arbeiten*
*1 Ei (M)*
*2 EL Milch*
*1–2 EL gehackte Mandeln*

**1.** Für den Teig Mehl, Backpulver, Mandeln, Puderzucker und Salz in einer Schüssel vermischen und auf die Arbeitsfläche häufen. Die Eier in einer Schale verquirlen.

**2.** Butter würfeln, mit den Eiern über den Mehl-Mix geben und alles rasch zu einem glatten Teig verkneten. Diesen in Frischhaltefolie gewickelt 1 Std. kühl stellen.

**3.** Backofen auf 180 °C Umluft vorheizen. Das Backblech mit Butter fetten und mit Mehl ausstreuen.

**4.** Knapp zwei Drittel des Teiges auf der bemehlten Arbeitsfläche etwas größer als das Backblech ausrollen. Den Teig in das Blech legen, dabei sollte der Teigrand den des Bleches überlappen. Den Teigboden mit einer Gabel mehrmals einstechen und das Backblech in den Kühlschrank stellen. Den restlichen Teig ebenso kühlen.

**5.** Für die Füllung die Zitrone heiß waschen und abtrocknen, die Schale fein abreiben, den Saft auspressen. Die Birnen schälen und vierteln, dabei die Kerngehäuse entfernen. Die Birnenviertel in feine Spalten schneiden.

**6.** Birnenspalten mit Zitronensaft und -schale, Zucker, Vanillezucker, Piment, Zimt und 50 g Mandeln in eine Schüssel geben und gut vermischen.

**7.** Für den Deckel den restlichen Teig auf Backpapier auf die Größe des Backbleches ausrollen.

**8.** Den Teigboden mit den übrigen gemahlenen Mandeln bestreuen und die Birnenfüllung darauf verteilen. Den Teigrand über die Füllung klappen, mit dem Teigdeckel bedecken und am Rand sorgfältig verschließen.

**9.** Das Ei trennen, das Eiweiß anderweitig verwenden. Das Eigelb in einer Schale mit der Milch verquirlen, den Kuchen damit bestreichen und mit Mandeln bestreuen.

**10.** Den gedeckten Birnenkuchen im vorgeheizten Ofen (unten) in 45–50 Min. goldbraun backen. Dann herausnehmen und vor dem Servieren abkühlen lassen.

**VARIANTEN**

- Für noch mehr »Biss« geben Sie zusätzlich 60 g grob gehackte Walnusskerne, Mandeln oder Haselnusskerne in die Füllung.
- Probieren Sie auch eine Mischung aus Birnen und Äpfeln oder den Klassiker mit Äpfeln und Rosinen. Das Ergebnis wird Sie überzeugen!
- Für eine exotische Variante verwenden Sie eine Mango und schneiden diese in feine Spalten.

# Formkuchen

Kuchen, die einfach nur in einer Backform gebacken werden, nachträgliches Verfeinern mit Belag oder Füllung – Fehlanzeige! Klingt recht bescheiden, dennoch werden bei Gugelhupf und Co. schönste Kindheitserinnerungen wach, und mit Beerentörtchen und Walnuss-Zopfkuchen laufen Formkuchen zur Höchstform auf!

# Grundrezept Rührteig

SCHNELL GERÜHRT, VIELSEITIG VARIIERT

**Zutaten** *für 1 Gugelhupfform mit 24 cm Ø, 1 Springform mit 24 cm Ø oder 1 Kastenform mit 25 cm Länge; benötigte Zeit: 30 Min. Zubereitung, 40 Min. Backen*

*1 Bio-Zitrone*
*1 Vanilleschote*
*200 g zimmerwarme Butter*
*100 g Feinkristall-Zucker*
*4 zimmerwarme Eier (M)*
*250 g Weizenmehl (Type 405)*
*80 g Speisestärke*
*2 TL Backpulver*

***Außerdem:***
*2 EL Butter für die Form*
*2 EL Feinkristall-Zucker für die Form*

**MEHR DARAUS MACHEN**

Sie können diesen Rührteig nach Belieben mit Rum, Zimt, Kakao und der abgeriebenen Schale einer Bio-Orange verfeinern. Oder 50 g Mehl durch gemahlene Haselnüsse oder Mandeln ersetzen. Feste Zutaten wie Orangeat, Zitronat und Schokoladenstückchen mit einem Gummispatel unter den fertigen Rührteig heben. Für einen schnellen Apfelkuchen streichen Sie den Teig in eine gefettete Springform und belegen ihn mit fächerartig eingeschnittenen und vom Kerngehäuse befreiten Apfel- und Birnenvierteln.

**1.** Die Form sorgfältig mit Butter fetten und mit Zucker ausstreuen. Den Backofen auf 160 °C Umluft vorheizen. Zitrone heiß waschen, abtrocknen und die Schale fein abreiben. Die Vanilleschote längs halbieren und das Mark mit dem Rücken eines Messers herausschaben.

**2.** Zimmerwarme Butter mit Zitronenschale, Vanillemark und Zucker in eine Rührschüssel geben und mit den Rührbesen des Handrührgeräts cremig aufschlagen.

**3.** Die zimmerwarmen Eier einzeln in die Buttermasse einrühren. Nach dem zweiten und dritten Ei je 1 EL vom Mehl untermischen, damit die Masse nicht gerinnt.

**4.** Übriges Mehl in eine Schüssel sieben. Mit Speisestärke und Backpulver vermischen. Mehl-Mix löffelweise mit einem Gummispatel unter die Buttermasse rühren.

**5.** Den Teig in die Form streichen und im vorgeheizten Ofen (2. Schiene von unten) ca. 40 Min. backen.

## Tipps & Tricks

Damit der Teig gelingt:

- Die Butter muss weich und geschmeidig sein. Um sie zu einer möglichst luftigen Creme aufzuschlagen, eine eher tiefe und weniger breite Schüssel verwenden.
- Je nach Rezept kann die Butter mit Gewürzen oder anderen Aromagebern aufgeschlagen werden.
- Feinkristall-Zucker ist leichter zu verarbeiten als normaler Haushaltszucker. Er löst sich besser auf.
- Damit die Buttermasse nicht gerinnt, müssen die Eier zimmerwarm sein und einzeln zugegeben werden, d. h., erst wenn ein Ei vollständig untergerührt ist, das nächste hinzufügen. Ab dem zweiten oder dritten Ei sicherheitshalber je 1 EL vom Mehl mit einrühren.
- Für 100 g Mehl ca. 1 gestrichenen TL Backpulver verwenden, dann geht der Rührteig sicher gut auf.
- Sollte der Teig durch die Zugabe von gemahlenen Nüssen oder Kakao zu fest werden, mit Milch korrigieren (1 EL Milch pro EL Kakao oder Nüsse).
- Rührteig nicht stehen lassen, sondern rasch backen.

# Topfengugelhupf

MIT VANILLE UND ZITRONE

**Zutaten** *für 1 Gugelhupfform mit 24 cm Ø; benötigte Zeit: 30 Min. Zubereitung, 50 Min. Backen*

*1 Bio-Zitrone*
*200 g weiche Butter*
*5 Eier (M)*
*2 TL Vanillezucker*
*180 g Puderzucker*
*250 g Quark (10 % Fett)*
*260 g Weizenmehl (Type 405)*
*40 g Speisestärke*
*1 TL Backpulver*
*Butter und Zucker für die Form*
*Puderzucker zum Bestreuen*

**1.** Die Form mit Butter fetten und mit Zucker ausstreuen. Backofen auf 170 °C Umluft vorheizen. Die Zitrone heiß waschen, abtrocknen und die Schale fein abreiben.

**2.** Die zimmerwarme Butter mit den Rührbesen des Handrührgeräts zu einer luftigen Creme schlagen.

**3.** Die Eier trennen. Die Eigelbe mit Zitronenschale, Vanillezucker und der Hälfte Zucker unter die Buttercreme mischen und hell-schaumig aufschlagen. Den Quark zugeben und mit der Creme glatt verrühren.

**4.** Die Eiweiße mit dem übrigen Puderzucker (90 g) zu einem geschmeidigen Schnee schlagen.

**5.** Mehl, Stärke und Backpulver vermischen, ein Drittel davon über die Buttermasse sieben und kreisförmig untermengen. Restliche Mehlmischung im Wechsel mit dem Eischnee unter die Masse heben.

**6.** Teig in die Form streichen und im Ofen (2. Schiene von unten) ca. 50 Min backen. Etwas abkühlen lassen und auf ein Kuchengitter stürzen. Mit Puderzucker bestreuen.

# Rupfgugelhupf

## MIT ZUCKER UND ZIMT

### Zutaten

*für 1 Gugelhupfform mit 24 cm Ø*
*benötigte Zeit: 30 Min. Zubereitung, 1 Std. 45 Min. Gehen, 50 Min. Backen*

***Für den Teig:***
*125 ml Milch*
*400 g Weizenmehl (Type 405)*
*20 g frische Hefe*
*80 g Feinkristall-Zucker*
*80 g zimmerwarme Butter*
*4 zimmerwarme Eier (M)*
*Salz*

***Zum Wälzen:***
*150 g Butter*
*150 g Feinkristall-Zucker*
*2 EL Zimtpulver*

***Außerdem:***
*Mehl zum Arbeiten*
*Butter für die Form*

### GUT ZU WISSEN

Namensgebend für den Rupfgugelhupf oder auch Zupfgugelhupf ist die Art, wie der Kuchen gegessen wird. Man rupft sich mit den Fingern behutsam ein Stück aus dem Gugelhupf und isst es anschließend aus der Hand – eine wunderbare Jause für eine Wanderung oder ein Picknick im Freien, denn so braucht man kein Messer zum Anschneiden mitzunehmen!

**1.** Die Milch in einem kleinen Topf bei geringer Hitze handwarm erwärmen. Für den Vorteig das Mehl in eine Schüssel sieben und mittig eine Mulde formen.

**2.** Hefe in eine kleine Schüssel bröckeln und mit 2 TL vom Zucker in der handwarmen Milch auflösen. Hefemilch in die Mulde gießen, mit etwas Mehl vermengen und den Vorteig abgedeckt ca. 15 Min. gehen lassen.

**3.** Inzwischen die zimmerwarme Butter in der Küchenmaschine schaumig aufschlagen. Die Eier trennen, die Eiweiße anderweitig verwenden. Eigelbe mit restlichem Zucker und 1 Prise Salz unter die Butter rühren.

**4.** Buttermischung, Vorteig und Mehl vermengen und in der Küchenmaschine in 10–12 Min. zu einem seidigen Hefeteig verkneten. Den Teig mit einem feuchten Tuch bedecken und etwa 1 Std. gehen lassen.

**5.** Am Ende der Gehzeit die Butter zum Wälzen in einen kleinen Topf geben, bei geringer Hitze zerlassen und in eine tiefe Schale gießen. In einer weiteren Schale Zucker und Zimtpulver vermischen. Die Form mit Butter fetten.

**6.** Den Hefeteig auf der leicht bemehlten Arbeitsfläche kurz zusammenkneten und in 15 gleich große Portionen teilen. Jedes Teigstück in eine runde Form bringen, in die Butter tauchen und im Zucker-Zimt-Mix wälzen.

**7.** Gewälzte Teigstücke eng aneinanderliegend in die gefettete Gugelhupfform schlichten und weitere 30 Min. gehen lassen. Backofen auf 170 °C Umluft vorheizen.

**8.** Teig im vorgeheizten Ofen (2. Schiene von unten) 45–50 Min. backen. Danach ca. 15 Min. abkühlen lassen und vorsichtig stürzen. Den Gugelhupf nicht in Stücke schneiden, sondern im Ganzen servieren (siehe Tipp).

# Marmorgugelhupf

MIT MANDELN UND EINEM SCHUSS RUM

## Zutaten

*für 1 Gugelhupfform mit 24 cm Ø*
*benötigte Zeit: 30 Min. Zubereitung, 55 Min. Backen*

***Für den Teig:***
*½ Bio-Zitrone*
*300 g weiche Butter*
*15 g Vanillezucker*
*160 g Puderzucker*
*5 Eier (M)*
*1 EL Rum*
*Salz*
*150 g Feinkristall-Zucker*
*140 g blanchierte gemahlene Mandeln*
*300 g Dinkelmehl (Type 630)*
*3 TL Backpulver*
*3 EL Kakaopulver*

***Außerdem:***
*Butter und Zucker für die Form*
*Puderzucker zum Bestreuen*

### VARIANTEN

- **»Kuhfleckengugelhupf«:** Hellen und dunklen Teig wie die Flecken einer Kuh mit zwei Esslöffeln abwechselnd in die Form geben.
- **»Tigergugelhupf«:** Hellen und dunklen Teig in 1–2 cm dicken Schichten einfüllen.
- **»Festtagsgugelhupf«:** Hierfür den Marmorgugelhupf mit Schokoglasur überziehen und mit gehackten Pistazien bestreuen.

**1.** Die Form sorgfältig mit Butter fetten und mit Zucker ausstreuen. Backofen auf 175 °C vorheizen. Zitrone heiß waschen, abtrocknen und 2 TL Schale abreiben.

**2.** Die zimmerwarme Butter mit Zitronenschale, Vanillezucker und Puderzucker in der Küchenmaschine cremig schlagen. Die Eier trennen, Eigelbe und Rum nach und nach unter die Buttermischung rühren und die Creme in etwa 8 Min. luftig schaumig aufschlagen.

**3.** In der Zwischenzeit die Eiweiße und 1 Prise Salz mit den Rührbesen des Handrührgeräts schaumig aufschlagen, dabei den Zucker nach und nach einrieseln lassen. Bei mittlerer Geschwindigkeit weiterrühren, bis sich der Zucker vollständig aufgelöst und der Eischnee einen seidigen Glanz bekommen hat.

**4.** In einer Schüssel Mandeln, Dinkelmehl und Backpulver mischen. Die Mehlmischung im Wechsel mit dem Eischnee portionsweise zur Buttercreme geben und luftig unterheben. Die Hälfte des Teiges in eine zweite Schüssel füllen und das Kakaopulver untermischen.

**5.** Zuerst den dunklen Teig in die Gugelhupfform füllen. Den hellen Teig daraufgeben und für die Marmorierung den Kochlöffelstiel spiralig durch die Teigschichten ziehen. Zum Schluss den Teig glatt verstreichen.

**6.** Den Gugelhupf in den vorgeheizten Ofen schieben (2. Schiene von unten) und ca. 55 Min. backen. Danach aus dem Ofen nehmen, etwa 15 Min. abkühlen lassen und dann vorsichtig aus der Form stürzen. Vor dem Servieren mit Puderzucker bestäuben.

# Walnuss-Zopfkuchen

MIT ZIMT UND ROSINEN

## Zutaten

*für 1 Kastenform mit 30 cm Länge*
*benötigte Zeit: 1 Std. Zubereitung, 2 Std. Gehen, 40 Min. Backen*

***Für den Teig:***
*125 ml Milch*
*40 g Butter*
*1 Bio-Zitrone*
*15 g frische Hefe*
*300 g Weizenmehl (Type 405)*
*2 zimmerwarme Eier (M)*
*1 TL Vanillezucker*
*50 g Feinkristall-Zucker*
*Salz*

***Für die Füllung:***
*40 g Rosinen*
*1 EL Rum (nach Belieben)*
*150 g Walnusskerne*
*80 g Feinkristall-Zucker*
*2 EL Honig*
*1 TL Zimtpulver*
*40 g Semmelbrösel*
*1 Ei (M)*
*125 ml Milch*

***Für die Glasur:***
*60 g Aprikosenkonfitüre*
*70 g Puderzucker*
*1 EL Zitronensaft*

***Außerdem:***
*Mehl zum Arbeiten*
*Butter und Mehl für die Form*

**1.** Die Milch in einem Topf bei geringer Hitze handwarm erwärmen, die Butter in einem weiteren Topf bei geringer Hitze schmelzen und handwarm abkühlen lassen. Zitrone heiß waschen, abtrocknen und die Schale abreiben.

**2.** Für den Vorteig die Hefe in eine Schüssel bröckeln und mit 60 ml von der erwärmten Milch und 20 g vom Mehl zu einem Brei verrühren. Mit Frischhaltefolie bedeckt an einem warmen Ort ca. 15 Min. gehen lassen.

**3.** Eier trennen, die Eiweiße beiseitestellen. Eigelbe mit Zitronenschale, Vanillezucker, Zucker und 1 Prise Salz in einer Schüssel verrühren. Zerlassene Butter, Vorteig und restliche Milch zugeben, übriges Mehl darübersieben und sämtliche Zutaten in 7–8 Min. zu einem glatten Hefeteig verkneten. Teig mit einem feuchten Tuch bedecken und an einem warmen Ort 1 Std. gehen lassen.

**4.** Inzwischen die Rosinen im Rum (ersatzweise Wasser) einweichen. Die Walnusskerne mahlen und mit Zucker, Honig, Zimt und Semmelbröseln mischen. Mit Ei und Milch zu einer streichfähigen Masse verrühren, bei Bedarf esslöffelweise Milch zugeben, bis die gewünschte Konsistenz erreicht ist. Zuletzt die Rumrosinen zufügen.

**5.** Die Form fetten und mit Mehl ausstreuen. Den Teig auf der bemehlten Arbeitsfläche 5 mm dünn und rechteckig (ca. 30 cm × 40 cm) ausrollen, mit der Walnussmasse bestreichen (1) und von der langen Seite her einrollen. Die Rolle der Länge nach mit einem scharfen Messer halbieren (2). Beide Stränge so zu einem Zopf wickeln, dass die Schnittfläche nach außen zeigt (3).

**6.** Den Zopf in die Form setzen, mit dem feuchten Tuch bedecken und 40–45 Min. gehen lassen. Den Ofen auf 175 °C Umluft vorheizen und den Zopf auf der 2. Schiene von unten ca. 40 Min. backen. Anschließend etwa 15 Min. abkühlen lassen und auf ein Gitter stürzen.

**7.** Für die Aprikotur die Konfitüre mit 1–2 EL Wasser aufkochen und rasch durch ein kleines Sieb streichen. Die Oberfläche des Kuchens mit der heißen Konfitüre einstreichen (4) und trocknen lassen.

**8.** Für die Glasur Puderzucker in eine Schüssel sieben und mit Zitronensaft und 2 TL von dem beiseitegestellten Eiweiß verrühren. Den Kuchen dünn mit Glasur bestreichen und vor dem Servieren antrocknen lassen.

# Reindling

## MIT HONIG UND NÜSSEN

### Zutaten

*für 1 Gugelhupfform mit 24 cm Ø*
*benötigte Zeit: 30 Min. Zubereitung, 1 Std. 30 Min. Gehen, 55 Min. Backen*

***Für den Teig:***
*200 ml Milch*
*80 g Butter*
*1 Bio-Zitrone*
*20 g frische Hefe*
*50 g Feinkristall-Zucker*
*500 g Weizenmehl (Type 405)*
*2 Eier (M)*
*1 TL Vanillezucker*
*Salz*

***Für die Füllung:***
*80 g Butter*
*100 g Walnusskerne*
*50 g Haselnusskerne*
*100 g Rosinen*
*3 EL Rum (nach Belieben)*
*40 g Feinkristall-Zucker*
*1 EL Waldhonig*
*3 TL Zimtpulver*

***Außerdem:***
*Mehl zum Arbeiten*
*40 g Butter*
*Puderzucker zum Bestreuen*

**1.** Die Milch in einem Topf bei geringer Hitze handwarm erwärmen, die Butter in einem weiteren Topf bei geringer Hitze schmelzen und handwarm abkühlen lassen. Zitrone heiß waschen, abtrocknen und die Schale abreiben.

**2.** Für den Vorteig die Hefe in eine Schüssel bröckeln und mit 1 Prise Zucker in 60 ml von der erwärmten Milch auflösen. Die Hefemilch mit 20 g vom Mehl zu einem Brei verrühren. Den Vorteig mit Frischhaltefolie bedecken und an einem warmen Ort etwa 15 Min. gehen lassen.

**3.** Die Eier trennen, die Eiweiße anderweitig verwenden.Eigelbe mit Zitronenschale, übrigem Zucker, Vanillezucker und 1 Prise Salz in einer Schüssel verrühren. Zerlassene Butter, Vorteig und restliche Milch zugeben, übriges Mehl darübersieben und sämtliche Zutaten in der Küchenmaschine in 10–12 Min. zu einem glatten Hefeteig verkneten. Teig mit einem feuchten Tuch bedecken und an einem warmen Ort 1 Std. gehen lassen.

**4.** Für die Füllung die Butter in einem kleinen Topf bei geringer Hitze zerlassen. Die Nüsse grob hacken. Die Rosinen im Rum (ersatzweise Wasser) einweichen. Die vorbereiteten Zutaten mit Zucker, Honig und Zimt in einen Topf geben und unter Rühren erhitzen, bis sich der Zucker gelöst hat. Anschließend abkühlen lassen.

**5.** Die Form fetten. Den Teig kurz verkneten, dann auf der bemehlten Arbeitsfläche 5 mm dünn und rechteckig (ca. 40 × 25 cm) ausrollen. Die Füllung gleichmäßig über den Teig verteilen, diesen von der langen Seite her eng aufrollen und mit der Naht nach unten in die Form legen. Weitere 30 Min. zugedeckt gehen lassen.

**6.** Backofen auf 170 °C vorheizen. Die Butter zerlassen. Den Reindling mit der Butter bestreichen und auf der 2. Schiene von unten 50–55 Min. backen. Im Anschluss ca. 15 Min. abkühlen lassen und sacht aus der Form stürzen. Mit Puderzucker bestreut servieren.

# Birnenkuchen

MIT MANDELMÜRBTEIG

## Zutaten

*für 1 Tarteform mit 24 cm Ø*
*benötigte Zeit: 40 Min. Zubereitung, 1 Std. Kühlen, 50 Min. Backen*

***Für den Teig:***
*220 g Weizenmehl (Type 405)*
*50 g Puderzucker*
*30 g gemahlene Mandeln*
*150 g eiskalte Butter*
*Salz*
*1 Ei (M)*

***Für die Füllung:***
*½ Zitrone*
*20 g Butter*
*1,2 kg mittelreife Birnen*
*1 EL Vanillezucker*
*60 g heller Rohrzucker*
*1 Prise gemahlener Piment*

***Außerdem:***
*Fett für die Form*
*Mehl zum Arbeiten*
*1 EL heller Rohrzucker*
*20 g Butter*
*2–3 EL Haselnusskerne*

**1.** Für den Mürbteig Mehl und Puderzucker auf die Arbeitsfläche sieben und mit den Mandeln bestreuen. Eiskalte Butter in Würfeln (siehe Seite 140) und 1 Prise Salz darüber verteilen. Das Ei trennen, das Eigelb zum Mehl-Mix geben, das Eiweiß anderweitig verwenden.

**2.** Die Zutaten mit einer Teigkarte oder einem großen Messer verhacken. Dann mit den Fingern rasch zu Krümeln zerreiben und möglichst flott zu einem glatten Teig verkneten. Den Teig in Frischhaltefolie wickeln und mindestens 1 Std. im Kühlschrank ruhen lassen.

**3.** Die Form fetten. Den Teig auf der leicht bemehlten Arbeitsfläche rund (ca. 30 cm Ø) ausrollen und in die Form legen. Den Teigrand an die Form andrücken und verzieren, indem man Rillen und Zacken formt. Die Form in den Kühlschrank oder kurz in das Tiefkühlfach geben.

**4.** Den Backofen auf 170 °C Umluft vorheizen. Für die Füllung die Butter in einem kleinen Topf bei geringer Hitze zerlassen. Den Saft der Zitrone auspressen.

**5.** Zwei große Birnen für die Dekoration beiseitelegen, restliche Birnen schälen, vierteln und dabei das Kerngehäuse entfernen. Die Birnenviertel in feine Scheiben schneiden oder hobeln. Birnen in eine Schüssel geben und mit Zitronensaft, Vanillezucker, Rohrzucker, 1 Prise Piment und der zerlassenen Butter vermischen.

**6.** Die beiseitegelegten Birnen schälen, vierteln, entkernen und längs in dünne Spalten schneiden. Birnenfüllung auf den gut gekühlten Teig verteilen, glatt streichen und mit den Birnenspalten dekorativ belegen. Mit Zucker bestreuen und die Butter in Flocken darüber verteilen. Kuchen im vorgeheizten Ofen (2. Schiene von unten) 45–50 Min. backen. Nüsse grob hacken und 15 Min. vor Ende der Backzeit über den Kuchen streuen.

**VARIANTE**

Für Tartelettes kleine Förmchen (10 cm Ø) mit Mürbteig auslegen, mit eingeschnittenen und wie im Rezept zubereiteten Birnenhälften belegen und die Mini-Kuchen ca. 25 Min. backen.

# Apfelkuchen

## MIT FEINEM VANILLE-SCHMAND

### Zutaten

*für 1 Springform mit 24 cm Ø*
*benötigte Zeit: 50 Min. Zubereitung, 1 Std. 10 Min. Backen, 8 Std. Ruhen*

***Für den Teig:***
*90 g weiche Butter*
*1 Ei (M)*
*80 g Feinkristall-Zucker*
*1 Prise Salz*
*220 g Weizenmehl (Type 405)*
*½ TL Backpulver*

***Für den Belag:***
*2 Pck. Vanillepuddingpulver*
*500 ml Milch*
*180 g Feinkristall-Zucker*
*2 TL Vanillezucker*
*1 Prise Zimtpulver*
*2 Zitronen*
*700 g kleine Äpfel*
*400 g Schmand*
*250 g Magerquark*

***Außerdem:***
*Butter und Mehl für die Form*
*60 g Aprikosenkonfitüre*
*½ Zitrone*

**1.** Für den Teig die zimmerwarme Butter mit den Rührbesen des Handrührgeräts schaumig schlagen und das Ei zügig unterrühren. Zucker, Salz, Mehl und Backpulver zufügen und alles zu einem glatten Teig verkneten.

**2.** Die Form fetten und mit Mehl ausstreuen. Den Teig mit einem Esslöffel in die Form drücken und dabei einen 2–3 cm hohen Rand formen. Die Kuchenform während der weiteren Zubereitung in den Kühlschrank stellen.

**3.** Für den Belag das Vanillepuddingpulver mit etwa 150 ml von der Milch und der Hälfte des Zuckers verrühren. Restliche Milch in einen Topf geben und mit übrigem Zucker, Vanillezucker und Zimt aufkochen.

**4.** Das angerührte Puddingpulver mit dem Schneebesen in die kochende Milch einrühren und ½ Min. unter Rühren kochen lassen. Dann in eine Metallschüssel umfüllen. Den Pudding direkt an der Oberfläche mit Frischhaltefolie abdecken (verhindert die Hautbildung) und lauwarm abkühlen lassen, dabei öfter umrühren.

**5.** Den Saft der Zitronen auspressen. Äpfel schälen, vierteln und dabei die Kerngehäuse entfernen. Die bauchige Seite der Apfelviertel mit einem Messer mehr-

mals ca. 1 cm tief einschneiden. Damit die Äpfel nicht braun werden, diese mit Zitronensaft und etwas Wasser in eine Schüssel geben und gut vermengen.

**6.** Backofen auf 180 °C vorheizen. Vanillepudding mit den Rührbesen des Handrührgeräts glatt rühren. Schmand und Quark unterrühren und die Creme auf dem Kuchenteig verstreichen. Äpfel mit Küchenpapier trocken tupfen, auf dem Kuchen verteilen und diesen im heißen Ofen (unterste Schiene) 60–70 Min. backen.

**7.** Zitrone auspressen. Konfitüre mit Zitronensaft und 2 EL Wasser aufkochen, durch ein Sieb streichen und die Äpfel auf dem Kuchen damit dünn bepinseln. Kuchen über Nacht stehen lassen. Mit Schlagsahne servieren.

### TIPP

Die idealen **Äpfel zum Backen** sind säuerliche Sorten wie Boskop, Holsteiner Cox, Braeburn, Gravensteiner und Granny Smith.
Wer es milder bevorzugt, verwendet süße Apfelsorten wie Gala, Jonagold, Golden Delicious und Idared.
So oder so – am besten schmecken die Äpfel frisch geerntet.

# Schlorzifladen

## MIT SAHNEGUSS UND WÜRZIGER KLETZENFÜLLUNG

### Zutaten

*für 1 Tarteform mit 24 cm Ø*
*benötigte Zeit: 8 Std. Einweichen, 50 Min. Zubereitung, 1 Std. Kühlen, 40 Min. Backen*

***Für die Füllung:***
*500 g getrocknete Birnen*
*1 Stange Zimt*
*3 Nelken*
*1 Stück Bio-Orangenschale*
*125 ml Rotwein*
*50 g Feinkristall-Zucker*
*2 EL Honig*

***Für den Teig:***
*250 g Weizenmehl (Type 405)*
*60 g Puderzucker*
*120 g eiskalte Butter*
*Salz, 1 Ei (M)*

***Für den Guss:***
*½ Bio-Zitrone*
*200 g Sahne*
*150 g Quark (20 % Fett)*
*2 Eier (M)*
*50 g Feinkristall-Zucker*
*1 TL Vanillezucker*

***Außerdem:***
*Fett für die Form*
*Mehl zum Arbeiten*

**1.** Birnen in einen Topf geben, mit 2 l Wasser bedecken und mindestens 8 Std. (über Nacht) einweichen. Am nächsten Tag Zimt, Nelken, Orangenschale, Rotwein und Zucker zu den Birnen in den Topf geben und alles aufkochen. Die Birnen bei mittlerer Hitze in 1 Std. weich garen, danach im Sud lauwarm abkühlen lassen.

**2.** Für den Mürbteig Mehl und Zucker auf die Arbeitsfläche sieben. Eiskalte Butter (siehe Seite 140) in Würfeln und 1 Prise Salz darüber verteilen. Das Ei zugeben.

**3.** Die Zutaten mit einer Teigkarte oder einem großen Messer verhacken. Dann mit den Fingern rasch zu Krümeln zerreiben und möglichst flott zu einem glatten Teig verkneten. Den Teig in Frischhaltefolie wickeln und mindestens 1 Std. im Kühlschrank ruhen lassen.

**4.** Birnen aus dem Sud heben, durch den Fleischwolf drehen und anschließend in einem Cutter mit etwas Birnensud zu einem steifen Mus pürieren. Alternativ die Birnen vierteln, entkernen, mit etwas Sud in einen hohen Rührbecher geben und mit dem Pürierstab zu einem steifen Mus pürieren. Das Mus mit Honig behutsam süßen und im Kühlschrank vollständig erkalten lassen.

**5.** Den Backofen auf 180 °C Umluft vorheizen. Die Form fetten. Den Mürbteig auf der leicht bemehlten Arbeitsfläche rund (ca. 32 cm Ø) ausrollen und die Form damit auslegen. Den Teigrand an die Form andrücken, den Teigboden mit einer Gabel mehrmals einstechen. Die Füllung gleichmäßig dick auf den Teig streichen.

**6.** Für den Guss die Zitrone heiß waschen, abtrocknen und die Schale fein abreiben. Sahne und Quark in eine Schüssel geben und mit Zitronenschale, Eiern, Zucker und Vanillezucker glatt verrühren.

**7.** Den Guss über dem Birnenmus verteilen und den Kuchen im vorgeheizten Ofen (2. Schiene von unten) in ca. 40 Min. goldbraun backen.

# Beerentörtchen

## MIT TOPFEN UND JOGHURT

**Zutaten** *für 6 Tartelletteförmchen 10 cm Ø; benötigte Zeit: 45 Min. Zubereitung, 1 Std. Kühlen, 14 Min. Backen*

***Für den Teig:***
*½ Bio-Zitrone*
*1 Ei (M)*
*50 g Marzipanrohmasse*
*90 g Puderzucker*
*150 g weiche Butter*
*300 g Weizenmehl (Type 405)*
*1 Prise Salz*

***Für den Belag:***
*200 g Quark (20 % Fett)*
*50 g Joghurt (3,5 % Fett)*
*40 g Honig*
*2 TL Bourbon-Vanillezucker*
*300 g gemischte Beeren*

***Außerdem:***
*Honig zum Beträufeln*
*Minzeblättchen zum Garnieren*

**1.** Zitrone heiß waschen, abtrocknen. Die Schale fein abreiben. Das Ei trennen. Marzipan würfeln. Mit Puderzucker und 50 g Butter zu einer cremigen Masse verrühren. Diese mit restlicher Butter, Zitronenschale Mehl, Salz und Eigelb zu einem Mürbteig verkneten, in Frischhaltefolie wickeln und 1 Std. kühl stellen.

**2.** Backofen auf 200 °C vorheizen. Die Förmchen fetten. Teig in sechs Portionen teilen, die Teigstücke auf der bemehlten Arbeitsfläche rund (ca. 12 cm Ø) ausrollen, in die Förmchen legen und den Boden mit einer Gabel mehrmals einstechen. Im vorgeheizten Ofen (Mitte) in 12–14 Min. goldbraun backen und auskühlen lassen.

**3.** Quark, Joghurt, Honig und Vanillezucker verrühren und in die Törtchen streichen. Diese mit Beeren belegen, mit Honig beträufeln und mit Minzeblättchen garnieren.

# Süße Wähe

## MIT APRIKOSEN UND ZWETSCHGEN

**Zutaten** *für 1 Tarteform mit 20 cm Ø; benötigte Zeit: 30 Min. Zubereitung, 1 Std. Kühlen, 40 Min. Backen*

***Für den Teig:***
*150 g Weizenmehl (Type 405)*
*60 g gemahlene Haselnusskerne*
*100 g eiskalte Butter*
*Salz*

***Für den Belag:***
*500 g Aprikosen und Zwetschgen*
*200 g Sahne*
*2 TL Bourbon-Vanillezucker*
*1 Prise Zimtpulver*
*1 Prise gemahlener Kardamom*
*2 Eier (M)*
*50 g Feinkristall-Zucker*

***Außerdem:***
*Fett für die Form*
*Mehl zum Arbeiten*

**1.** Das Mehl auf die Arbeitsfläche sieben, Haselnüsse, eiskalte Butter in Würfeln, ¼ TL Salz und 3–4 EL eiskaltes Wasser darübergeben. Die Zutaten mit den Fingern zerkrümeln und rasch zu einem glatten Teig verkneten. Diesen in Frischhaltefolie wickeln und 1 Std. kühl stellen.

**2.** Die Form fetten. Den Mürbteig auf der bemehlten Arbeitsfläche rund (ca. 25 cm Ø) ausrollen und die Form damit auslegen. Den Teigrand an die Form andrücken, den Teigboden mit einer Gabel mehrmals einstechen. Den Backofen auf 180 °C Umluft vorheizen.

**3.** Aprikosen und Zwetschgen waschen, halbieren, entsteinen und dekorativ auf dem Teigboden verteilen. Sahne mit Vanillezucker, Zimt, Kardamom, Eiern und Zucker verrühren und über das Obst gießen. Wähe im heißen Ofen (Mitte) 35–40 Min. backen und heiß servieren.

# Mehlspeisen aus dem Ofen

Was einmal als herzhafte Alternative für die an Fastentagen verbotenen Fleischgerichte gedacht war, hat sich mit Beginn des 20. Jahrhunderts zum Inbegriff der süßen Nachspeise entwickelt. Ob Apfelstrudel, Kirschenplotzer oder Kartoffelnudeln – sie alle schmecken so gut, dass man sich gar nicht satt daran essen kann!

# Apfelstrudel

MIT BISS

## Zutaten

*für 6 Personen*

*benötigte Zeit: 1 Std. Zubereitung, 1 Std. Ruhen, 30 Min. Backen*

***Für den Teig:***

*140 g Weizenmehl (Type 405)*
*1 Ei (M)*
*2 EL Sonnenblumenöl*
*Salz*

***Für die Füllung:***

*1 kg Äpfel*
*1 EL Zitronensaft*
*1 EL Rum (nach Belieben)*
*20 g Butter*
*80 g Semmelbrösel*
*30 g Haselnusskerne*
*60 g Feinkristall-Zucker*
*1 TL Bourbon-Vanillezucker*
*½ TL Zimtpulver*

***Außerdem:***

*Öl zum Bepinseln des Strudelteigs*
*Mehl zum Arbeiten*
*4 EL Butter*
*Puderzucker zum Bestäuben*

**1.** Für den Strudelteig das Mehl in eine Rührschüssel sieben. Das Ei trennen, das Eiweiß anderweitig verwenden. Das Eigelb mit 50 ml lauwarmem Wasser, Öl und 1 Prise Salz zum Mehl geben. Sämtliche Zutaten zuerst mit den Knethaken des Handrührgeräts, dann mit den Händen zu einem weichen, geschmeidigen Teig verkneten. Teig mit etwas Öl einpinseln und in Frischhaltefolie gewickelt bei Zimmertemperatur ca. 1 Std. ruhen lassen.

**2.** Für die Füllung die Äpfel schälen und vierteln, die Kerngehäuse entfernen. Die Apfelviertel in dünne Scheibchen schneiden und in einer Schüssel mit Zitronensaft und nach Belieben mit Rum marinieren.

**3.** Die Butter in einer Pfanne schmelzen. Semmelbrösel und Haselnusskerne darin bei mittlerer Hitze in 8 Min. goldbraun rösten. Mit Zucker, Vanillezucker und Zimt zu den Äpfeln geben und alles gut vermengen.

**4.** Zwei trockene Geschirrtücher oder ein großes Leinentuch über die Arbeitsfläche breiten und mit Mehl bestäuben. Den Teig daraufgeben und etwa 5 mm dick ausrollen. Dann über die Handrücken legen und hauchdünn zu einem Quadrat (40 × 40 cm) ausziehen. Der untere Teigrand darf über die Kante der Arbeitsfläche ragen, um den Teig auf Spannung zu halten.

**5.** Die Butter in einem kleinen Topf bei geringer Hitze zerlassen. Den Backofen auf 200 °C Umluft vorheizen. Ein Backblech mit Backpapier auslegen.

**6.** Strudelteig mit 2 EL zerlassener Butter bestreichen und die Füllung mit etwas Abstand zu den seitlichen Rändern auf das vordere Viertel verteilen. Dicke Teigränder abschneiden und den Strudel einrollen, indem man das Tuch von der Seite mit der Füllung beginnend nach oben zieht und die Füllung mit Teig nach hinten abrollt.

**7.** Die Teigenden unter den Strudel falten, den Strudel mithilfe des Küchentuchs auf das vorbereitete Backblech legen und mit restlicher Butter bepinseln.

**8.** Apfelstrudel im vorgeheizten Ofen (Mitte) in ca. 30 Min. goldgelb backen, dann herausnehmen und abkühlen lassen. Mit Puderzucker bestäubt servieren. Dazu passt Schlagsahne oder heiße Vanillesauce.

# Kirschstrudel

MIT TOPFENSTRUDELTEIG

## Zutaten

*für 6 Personen*
*benötigte Zeit: 1 Std. Zubereitung, 1 Std. Ruhen, 40 Min. Backen*

***Für den Teig:***
*250 g Dinkelmehl (Type 630)*
*Salz*
*120 g zimmerwarme Butter*
*250 g Magerquark*
*1 Ei (M)*

***Für die Füllung:***
*1,2 kg Kirschen*
*3 EL + 40 g Dinkelmehl (Type 630)*
*60 g Walnusskerne*
*1 Bio-Zitrone*
*4 Eier (M)*
*60 g Feinkristall-Zucker*
*40 g Puderzucker*
*½ TL Zimtpulver*

***Außerdem:***
*Dinkelmehl zum Arbeiten*
*1 Ei*
*2 EL Milch*

**1.** Für den Strudelteig Mehl und 1 Prise Salz in einer Schüssel vermischen. Die zimmerwarme Butter mit den Rührbesen des Handrührgeräts cremig aufschlagen, dann mit Quark und Ei glatt verrühren.

**2.** Nun die Mehlmischung hinzufügen und zuerst mit den Knethaken des Handrührgeräts, dann mit den Händen unterkneten. Den Teig in Frischhaltefolie wickeln und bei Zimmertemperatur ca. 1 Std. ruhen lassen.

**3.** Für die Füllung Kirschen waschen und entsteinen. In einer Schüssel mit 2–3 EL Dinkelmehl vermischen. Die Walnusskerne fein mahlen. Zitrone heiß waschen, abtrocknen und die Schale fein abreiben.

**4.** Die Eier trennen. Die Eiweiße schaumig aufschlagen, dabei den Zucker nach und nach einrieseln lassen und alles zu einem geschmeidigen Eischnee schlagen.

**5.** Die Eigelbe mit Puderzucker, Zimt und Zitronenschale schaumig schlagen. Den Eischnee im Wechsel mit dem Mehl und den gemahlenen Walnüssen unterrühren. Zuletzt die Kirschen locker unter die Masse heben.

**6.** Den Backofen auf 180 °C Umluft vorheizen. Ein Backblech mit Backpapier auslegen. Den Teig auf der bemehlten Arbeitsfläche 2 mm dünn zu einem großen Rechteck (ca. 45 × 25 cm ) ausrollen (Strudelteig mit Quarkanteil kann man nicht ausziehen, der Teig bleibt hier etwas dicker als beim Apfelstrudel von Seite 88).

**7.** Die Kirschfüllung zu einem ca. 30–35 cm langen Streifen auf das vordere Drittel der langen Teigkante auftragen. Den Strudel mit den Händen behutsam einrollen, die Teigenden unter den Strudel falten.

**8.** Kirschstrudel mit der Naht nach unten auf das vorbereitete Backblech setzen. Ein Ei trennen, das Eiweiß anderweitig verwenden. Das Eigelb mit der Milch verquirlen und den Strudel damit bestreichen.

**9.** Strudel in den vorgeheizten Ofen (Mitte) geben und ca. 40 Min. backen. Anschließend herausnehmen, etwas abkühlen lassen und lauwarm genießen.

Im Gegensatz zum Apfelstrudel (oben) wird der Teig beim Kirschstrudel (rechts) mit Quark zubereitet. Schmeckt prima! Da macht es auch nichts, dass sich der Teig nicht so dünn ausziehen lässt.

# Millirahmstrudel

KLASSIKER DER MEHLSPEISENKÜCHE

## Zutaten

*für 10–12 Personen*
*benötigte Zeit: 1 Std. Zubereitung, 1 Std. Ruhen, 45 Min. Backen*

***Für den Teig:***
*280 g Weizenmehl (Type 405)*
*1 Ei (M)*
*4 EL Sonnenblumenöl*
*Salz*

***Für die Füllung:***
*50 g Rosinen*
*2 EL Rum, ersatzweise Wasser*
*1 Bio-Zitrone*
*4 Eier (M)*
*100 g zimmerwarme Butter*
*100 g Feinkristall-Zucker*
*400 g Magerquark*
*250 g saure Sahne*
*1 TL Bourbon-Vanillezucker*
*1 Prise Salz*
*2 EL Maisstärke*

***Für den Guss:***
*250 ml Milch*
*2 Eier (M)*
*30 g Puderzucker*
*1 TL Bourbon-Vanillezucker*

***Außerdem:***
*Öl zum Einpinseln des Strudelteigs*
*Mehl zum Arbeiten*
*70 g Butter*
*1 Backform (30 × 25 cm)*
*Fett für die Form*
*Puderzucker zum Bestäuben*

**1.** Für den Strudelteig das Mehl in eine Rührschüssel sieben. Das Ei mit 50 ml lauwarmem Wasser, Öl und 2 Prisen Salz zum Mehl hinzufügen.

**2.** Sämtliche Zutaten zuerst mit den Knethaken des Handrührgeräts, dann mit den Händen zu einem weichen, geschmeidigen Teig verkneten. Den Teig mit etwas Öl einpinseln, in Frischhaltefolie wickeln und bei Zimmertemperatur etwa 1 Std. ruhen lassen.

**3.** Für die Füllung die Rosinen ca. 30 Min. in Rum oder Wasser einweichen. Zitrone heiß waschen, abtrocknen und die Schale fein abreiben. Die Eier trennen.

**4.** Zimmerwarme Butter in einer tiefen Schüssel luftig-cremig rühren. Die Eigelbe mit 20 g Zucker schaumig aufschlagen und mit der Butter vermischen. Quark, saure Sahne, Vanillezucker, Salz und Zitronenschale hinzufügen und alles glatt verrühren. Die eingeweichten Rosinen ohne Rum bzw. Wasser unterheben.

**5.** Nun die Eiweiße schaumig aufschlagen, dabei den übrigen Zucker nach und nach einrieseln lassen und alles zu einem geschmeidigen Eischnee schlagen. Die Maisstärke portionsweise über die Quarkmasse sieben und im Wechsel mit dem Eischnee unterheben.

**6.** Zwei trockene, saubere Geschirrtücher oder ein großes Leinentuch über die Arbeitsfläche breiten und mit Mehl bestäuben. Nach der Ruhezeit den Teig auf die Tücher geben und etwa 5 mm dick ausrollen.

**7.** Den Teig nun über die Handrücken legen und hauchdünn zu einem großen Rechteck (80 × 70 cm) ausziehen. Die Teigränder dürfen dabei über die Kante der Arbeitsfläche ragen, um den Teig auf Spannung zu halten.

**8.** Die Butter in einem kleinen Topf bei geringer Hitze zerlassen. Den Backofen auf 180 °C Umluft vorheizen. Die Backform fetten. Den ausgezogenen Strudelteig mit 3–4 EL zerlassener Butter bestreichen.

**9.** Um in einem Arbeitsschritt drei Strudel herzustellen, die Füllung zu drei etwa 20 cm langen, gleichmäßig dicken Streifen auf die 80 cm breite Seite des Teiges auftragen. Zwischen den einzelnen Streifen müssen mindestens 5 cm Teigfläche frei bleiben.

**10.** Dicke Teigränder abschneiden und den Strudel mithilfe des Tuches einmal einrollen. Teigenden links und rechts über die Füllung nach innen falten, die Bereiche ohne Füllung mit der Handkante eindrücken. Dann den Teig komplett einrollen, in die drei vorgesehenen Strudel teilen und die Teigenden jeweils unter den Strudel falten.

**11.** Strudel dicht nebeneinander in die Form legen, mit restlicher Butter bestreichen und im Ofen (Mitte) 20 Min. backen. Die Zutaten für den Guss mit einem Schneebesen verquirlen und über den Strudel gießen. Weitere 25 Min. backen. Anschließend lauwarm abkühlen lassen und mit Puderzucker bestreut servieren.

### VARIANTEN

- **Sommerliche Variante:** Statt Rumrosinen frische Himbeeren, Brombeeren, Johannisbeeren oder Heidelbeeren verwenden.
- **Knusprige Variante:** Für einen knusprigen Quarkstrudel den Guss weglassen und den Teig nur mit zerlassener Butter bestreichen. Die Strudel in den Ofen geben und in insgesamt 45 Min. knusprig goldbraun backen.

# Grießauflauf mit Birnen

EDELVARIANTE FÜR GRIESSBREI-LIEBHABER

## Zutaten

*für 6 Personen*
*benötigte Zeit: 1 Std. Zubereitung, 50 Min. Backen*

***Für den Grießbrei:***
*1 Bio-Zitrone*
*½ Bio-Orange*
*1 Vanilleschote*
*110 g Mandeln*
*500 ml Milch*
*60 g Butter*
*90 g Feinkristall-Zucker*
*100 g Weichweizengrieß, ersatzweise Dinkelgrieß*
*½ TL Zimtpulver*
*1 Prise gemahlener Ingwer*
*3 Eier (M)*

***Für den Belag:***
*600 g mittelfeste Birnen*

***Für den Guss:***
*2 Eier (M)*
*125 g Sahne*
*1 EL Feinkristall-Zucker*

***Außerdem:***
*1 Auflaufform (20 × 30 cm)*
*Butter für die Form*
*40 g kalte Butter*

**1.** Für den Grießbrei die Zitrusfrüchte heiß waschen, abtrocknen und die Schale fein abreiben. Vanilleschote längs aufschneiden und das Mark mit einem Messer herauskratzen. Mandeln grob hacken, davon 50 g in einer Pfanne ohne Fett bei mittlerer Hitze anrösten.

**2.** Milch mit Butter, 45 g Zucker und der halben Menge Vanillemark aufkochen. Grieß, abgeriebene Zitronen- und Orangenschale, Zimt und Ingwer einrühren und alles in 10 Min. bei schwacher Hitze zu einem Brei kochen. Anschließend zugedeckt lauwarm abkühlen lassen.

**3.** Die Eier trennen, die Eigelbe unter die Grießmasse rühren. Die Eiweiße schaumig aufschlagen, dabei den restlichen Zucker einrieseln lassen und alles zu einem geschmeidigen Schnee schlagen. Eischnee mit den gerösteten Mandeln unter die Grießmasse heben.

**4.** Den Backofen auf 180 °C vorheizen. Die Form mit reichlich Butter fetten. Birnen schälen, vierteln, die Kerngehäuse entfernen. Birnenviertel in Spalten schneiden.

**5.** Grießmasse in die Form streichen und mit den Birnenspalten dekorativ belegen. Den Grießauflauf im vorgeheizten Ofen (Mitte) ca. 35 Min. backen.

**6.** In der Zwischenzeit für den Guss die Eier trennen, die Eiweiße anderweitig verwenden. Eigelbe mit Sahne, Zucker und dem restlichen Vanillemark verrühren.

**7.** Den Grießauflauf aus dem Ofen nehmen und gleichmäßig mit dem Guss übergießen. Kalte Butter in Flocken und restliche grob gehackte Mandeln darauf verteilen. Den Auflauf wieder in den Ofen schieben, in 10–15 Min. goldbraun überbacken und heiß servieren.

# Kirschenplotzer

ODER AUCH KIRSCHENMICHEL

## Zutaten

*für 6 Personen*
*benötigte Zeit: 30 Min. Zubereitung, 20 Min. Einweichen, 45 Min. Backen*

*5 Brötchen vom Vortag*
*250 ml Milch*
*700 g frische Kirschen*
*1 Bio-Zitrone*
*50 g Blockschokolade*
*5 Eier (M)*
*80 g Feinkristall-Zucker*
*150 g zimmerwarme Butter*
*1 TL Bourbon-Vanillezucker*
*½ TL Zimtpulver*
*100 g gemahlene Mandeln*
*1 EL Kirschschnaps (nach Belieben)*

***Außerdem:***
*1 runde Aufflaufform (ca. 26–28 cm Ø)*
*Fett für die Form*
*gemahlene Mandeln zum Ausstreuen*
*20 g Mandelstifte zum Bestreuen*

TIPP

**Für mehr Nachhaltigkeit:** Die abgeriebene Rinde der Brötchen unbedingt aufheben, sie lässt sich vielseitig weiterverwenden. Ob als Pannade für ein saftiges Cordon bleu oder Sellerieschnitzel, als Zutat zu einem knusprigen Zwetschgen-Crumble oder für die »Bröselbutter« von Topfenknödel und Co. – Semmelbrösel kann man eigentlich immer gebrauchen!

**1.** Die Rinde der Brötchen mit einer Gemüsereibe dünn abreiben. Die Brötchen in Scheiben schneiden, in einer Schüssel mit der Milch übergießen und etwa 20 Min. einweichen lassen. Anschließend etwas zerzupfen.

**2.** Inzwischen die Kirschen verlesen, waschen und entsteinen. Zitrone heiß waschen, abtrocknen und die Schale fein abreiben. Schokolade gleichfalls fein reiben.

**3.** Den Backofen auf 180 °C vorheizen. Die Auflaufform mit Butter fetten und mit den gemahlenen Mandeln ausstreuen. Die Eier trennen.

**4.** Eiweiße mit den Rührbesen des Handrührgeräts schaumig aufschlagen. Den Zucker einrieseln lassen und alles zu einem geschmeidigen Schnee schlagen.

**5.** Eigelbe mit Butter, Zitronenschale, Vanillezucker und Zimt luftig-cremig aufschlagen. Mandeln, geriebene Schokolade, eingeweichte Brötchen und nach Belieben den Kirschschnaps sorgfältig untermengen. Zuletzt den Eischnee und die Hälfte der Kirschen luftig unterheben.

**6.** Die Kirschmasse in die vorbereitete Form streichen. Mit den restlichen Kirschen und den Mandelstiften bestreuen. Den Kirschenplotzer im vorgeheizten Ofen (2. Schiene von unten) 40–45 Min. backen.

# Bruckbam

## BAYERISCHE KARTOFFELNUDELN AUS DEM OFEN

### Zutaten
*für 4 Personen*
*benötigte Zeit: 50 Min. Zubereitung, 40 Min. Backen*

*1 kg mehligkochende Kartoffeln*
*200 g Wiener Grießler*
*Salz*
*120 g Butter*
*50 g Sahne*

***Außerdem:***
*1 rechteckige Auflaufform (ca. 15 × 25 cm)*
*Mehl zum Arbeiten*

**1.** Die Kartoffeln waschen, in einem Topf mit Wasser bedecken, dieses zum Kochen bringen und die Kartoffeln darin in ca. 20 Min. weich garen. 15 Min. ausdampfen lassen.

**2.** Backofen auf 180 °C vorheizen. Kartoffeln schälen, durch eine Kartoffelpresse drücken und rasch mit Mehl und 1 Prise Salz verkneten.

**3.** Den Teig auf der bemehlten Arbeitsfläche zu einer Rolle formen, in ca. 12 gleich große Stücke teilen und daraus große, lange Schupfnudeln in der Breite der Form bilden.

**4.** Die Butter in einem kleinen Topf bei geringer Hitze zerlassen. Die Hälfte davon in die Form gießen.

**5.** Die Schupfnudeln eng anliegend in die Form schichten (Baumstamm an Baumstamm, wie bei einer Brücke = Bruckbam) und mit der restlichen Butter übergießen. Zuletzt mit der Sahne beträufeln.

**6.** Die Bruckbam im vorgeheizten Ofen (2. Schiene von unten) in 35–40 Min. goldbraun backen und heiß servieren. Dazu wird Apfelmus und ein Glas Milch gereicht.

# Apfelmaultaschen

AUS KARTOFFELTEIG

## Zutaten

*für 4–6 Personen*
*benötigte Zeit: 1 Std. 10 Min. Zubereitung, 35 Min. Backen*

***Für den Teig:***
*800 g mehligkochende Kartoffeln*
*2 Eier (M)*
*200 g Wiener Grießler*
*Salz*
*frisch geriebene Muskatnuss*

***Für die Füllung:***
*150 g Butter*
*1 Zitrone*
*5 Äpfel*
*50 g Feinkristall-Zucker*
*½ TL Zimtpulver*

***Außerdem:***
*1 rechteckige Auflaufform (ca. 20 × 30 cm)*
*Fett für die Form*
*Mehl zum Arbeiten*
*Zucker zum Bestreuen*

**1.** Für den Teig Kartoffeln waschen, in einem Topf mit Wasser bedecken, dieses zum Kochen bringen und die Kartoffeln darin in ca. 20 Min. weich garen. 15 Min. ausdampfen lassen.

**2.** Inzwischen für die Füllung die Butter in einem kleinen Topf bei geringer Hitze schmelzen. Zitrone halbieren, den Saft auspressen.

**3.** Äpfel schälen, vierteln und das Kerngehäuse entfernen. Apfelviertel in dünne Spalten schneiden und mit Zitronensaft, Zucker, Zimt sowie 100 g zerlassener Butter vermengen.

**4.** Für den Teig die Eier trennen, Eiweiße anderweitig verwenden. Die noch heißen Kartoffeln schälen, durch eine Kartoffelpresse drücken und zügig mit dem Mehl, den Eigelben und je 1 Prise Salz und Muskat verkneten.

**5.** Backofen auf 200 °C vorheizen. Die Auflaufform mit Butter fetten. Den Teig auf der bemehlten Arbeitsfläche zu einer Rolle formen und 6–8 gleich große Portionen abtrennen. Die Teigstücke jeweils zu ovalen, ca. 20 cm langen Fladen ausrollen (1).

**6.** Die Apfelfüllung auf die Teigflecken verteilen (2). Den Teig von den schmalen Seiten her nach innen falten (3) und die Flecken zu länglichen Maultaschen einrollen (4).

**7.** Maultaschen mit der Naht nach unten in die vorbereitete Form setzen, mit restlicher zerlassener Butter bestreichen und mit Zucker bestreuen. Im vorgeheizten Ofen (2. Schiene von unten) 30–35 Min. backen.

### VARIANTEN

Für Apfelmaultaschen wählen Sie am besten süße Apfelsorten mit mürbem Fruchtfleisch wie Gala, Jonagold, Golden Delicious oder Idared.

- Sie können für die Füllung auch 5 große geschälte, entkernte und in Spalten geschnittene Birnen bzw. 600 g Zwetschgen, Aprikosen oder Pfirsiche verwenden. Das Steinobst waschen, halbieren und dabei den Stein entfernen.
- Besonders cremig wird's, wenn Sie die Teigfladen mit Schmand, Crème fraîche oder Frischkäse (Doppelrahmstufe) bestreichen und dann erst mit dem jeweiligen Obst belegen.
- Wer gerne kreativ tätig werden möchte, formt quadratische, runde oder halbmondförmige Maultaschen und verziert die Teigränder mit einem gezackten Teigrad. Dann sollten Sie aber auch eine etwas größere Auflaufform wählen, damit die hübschen Formen erhalten bleiben.

# Schmalzgebäck

Auch wenn sie heute oftmals in Pflanzenöl statt Butterschmalz ausgebacken und deshalb als Siedegebäck bezeichnet werden – der Beliebtheit von Krapfen, Kiachl und Co. tut dies keinen Abbruch, und so sind diese Schmankerl auch längst nicht mehr nur an Fasching, zur Kirchweih oder an Silvester zu haben. Gut so!

# Auszogne oder Bauernkrapfen

TRADITIONELLES KIRCHWEIHGEBÄCK

## Zutaten

*für 16 Stück; benötigte Zeit: 45 Min. Zubereitung, 1 Std. 15 Min. Gehen, je 3 Min. Frittieren*

***Für den Teig:***
*60g Butter*
*270ml Milch*
*21g frische Hefe*
*3 zimmerwarme Eier (M)*
*50g Feinkristall-Zucker*
*1 TL Bourbon-Vanillezucker*
*1–2 TL Rum (nach Belieben), ersatzweise Obstler*
*500g Weizenmehl (Type 405)*
*1 Prise Salz*

***Außerdem:***
*Mehl zum Arbeiten*
*Frittierfett (nach Belieben Butterschmalz)*
*Puderzucker zum Bestäuben*
*Konfitüre für die Füllung (z.B. Aprikosenkonfitüre)*

**1.** Butter in einem kleinen Topf bei geringer Hitze zerlassen, die Milch handwarm erwärmen. Hefe in eine Rührschüssel bröckeln und in 50ml von der erwärmten Milch auflösen.

**2.** 2 Eier trennen, die Eiweiße anderweitig verwenden. Eigelbe, ganzes Ei, Zucker und Vanillezucker mit der Hefemilch verrühren.

**3.** Nach und nach restliche Milch, zerlassene Butter und nach Belieben den Rum untermengen.

**4.** Mehl und Salz in einer Schüssel mischen, über die Hefemischung sieben und sämtliche Zutaten mit den Knethaken des Handrührgeräts in 10–12 Min. zu einem glatten, glänzenden Teig verkneten. Mit einem feuchten Tuch abdecken und etwa 30 Min. gehen lassen.

**5.** Anschließend den Teig auf der leicht bemehlten Arbeitsfläche kurz zusammenkneten und in 16 große Portionen teilen. Die Teigstücke jeweils rund schleifen (d. h., in der hohlen Hand und mit etwas Druck auf der Arbeitsfläche kreisen lassen, bis die Oberfläche glatt und gewölbt ist; 1), auf ein bemehltes Holzbrett setzen, mit einem trockenen Tuch bedecken und in 35–45 Min. auf die doppelte Größe aufgehen lassen.

**6.** Frittierfett in einen breiten Topf geben (mindestens 8 cm hoch) und auf ca. 170 °C erhitzen. Teigkugeln mit der Hand flach drücken (2) und mit den Fingern rund ausziehen, sodass der Teig in der Mitte ganz dünn ist und am Rand einen gleichmäßig dicken Wulst bildet (3).

**7.** Auszogne im heißen Fett schwimmend auf beiden Seiten in 1–1,5 Min. goldgelb backen (4). Mit einem Schaumlöffel herausnehmen und auf Küchenpapier abtropfen lassen. Krapfen noch warm mit Puderzucker bestäuben und frisch servieren, dabei in die Mitte wunschweise etwas Konfitüre geben.

**GUT ZU WISSEN**

Es gibt eine Vielzahl von Bezeichnungen und Mundartausdrücken für diese Bauernkrapfen und die dazugehörenden festlichen Anlässe: Knieküchle, Fensterkiachl, auszogene Nudeln, Ziehkiachl, Auszügler, Kirtagskrapfen und Glöcklerkrapfen werden zur Kirchweih, zu Dreikönig, zur Fastenzeit und vor Weihnachten gebacken.

# Faschingskrapfen

LOCKER UND LUFTIG

**Zutaten** *für 25 Stück; benötigte Zeit: 45 Min. Zubereitung, 1 Std. 15 Min. Gehen, je 5 Min. Frittieren*

***Für den Teig:***

*200 ml Milch*
*30 g frische Hefe*
*520 g Weizenmehl (Type 405)*
*30 g Butter*
*1 Bio-Zitrone*
*1 Vanilleschote*
*5 zimmerwarme Eier (M)*
*80 g Feinkristall-Zucker*
*8 g Salz*
*1 TL Rum (nach Belieben)*

***Außerdem:***

*Öl für das Blech*
*Mehl zum Arbeiten*
*Frittierfett (nach Belieben Butterschmalz)*
*150 g Aprikosenkonfitüre zum Füllen*

**1.** Die Milch in einem kleinen Topf bei geringer Hitze handwarm erwärmen. Für den Vorteig die Hefe in eine Schüssel bröckeln und mit 100 ml von der erwärmten Milch und 20 g Mehl zu einem Brei verrühren. An einem warmen Ort zugedeckt etwa 15 Min. gehen lassen.

**2.** Butter in einem kleinen Topf bei geringer Hitze zerlassen. Die Zitrone heiß waschen, abtrocknen und die Schale fein abreiben. Vanilleschote längs aufschneiden und das Mark mit einem kleinen Messer herauskratzen.

**3.** 3 Eier trennen, die Eiweiße anderweitig verwenden. Eigelbe und 2 ganze Eier mit Zitronenschale, Vanillemark, Zucker und Salz in einer Schüssel verrühren. Nach Belieben den Rum hinzufügen. Zerlassene Butter, Vorteig und restliche Milch zugeben, übriges Mehl darüber sieben und sämtliche Zutaten gut vermengen.

**4.** Die Masse auf die Arbeitsfläche stürzen und mit den Händen in 10–12 Min. zu einem glatten Teig verkneten. Den Teig wieder in die Schüssel geben, mit einem feuchten Tuch bedecken und 30 Min. gehen lassen.

**5.** Ein Backblech ölen. Den Teig auf der leicht bemehlten Arbeitsfläche kurz verkneten und in ca. 40 g schwere Portionen teilen. Die Teigstücke zu Kugeln schleifen (d. h., in der hohlen Hand und mit etwas Druck auf der Arbeitsfläche kreisen lassen, bis die Oberfläche glatt und gewölbt ist), auf das vorbereitete Blech setzen und etwas flach drücken. Mit einem bemehlten Tuch bedeckt an einem warmen Ort ca. 30 Min. gehen lassen.

**6.** Frittierfett in einen breiten Topf geben (mindestens 8 cm hoch) und auf knapp 160 °C erhitzen. Je nach Pfannengröße mehrere Teiglinge mit der oberen Seite nach unten in das heiße Fett gleiten lassen. Einen Deckel aufsetzen und zugedeckt ca. 3 Min. backen. Dann die Krapfen wenden und in etwa 2 Min. goldbraun fertig backen. Auf Küchenpapier abtropfen lassen.

**7.** Konfitüre kurz aufkochen und durch ein feines Sieb passieren. Etwas abkühlen lassen. Dann in einen Spritzbeutel mit langer, dünner Tülle füllen und von der Seite in die Krapfen spritzen. Die Krapfen mit reichlich Puderzucker bestäuben und frisch genießen.

# Haubenkrapfen

## FRISCH VON DER ALM

**Zutaten** *für 10 Stück; benötigte Zeit: 1 Std. Zubereitung, 1 Std. 35 Min. Gehen, je 1,5 Min. Frittieren*

***Für den Teig:***
*250 ml Milch*
*15 g frische Hefe*
*500 g Weizenmehl (Type 405)*
*2 EL zimmerwarme Butter*
*2–3 TL Puderzucker*
*1 Prise Zimtpulver*
*1 zimmerwarmes Ei (M)*
*Salz*

***Außerdem:***
*Mehl zum Arbeiten*
*Frittierfett (nach Belieben Butterschmalz)*
*Puderzucker zum Bestäuben*

**1.** Die Milch in einem kleinen Topf bei geringer Hitze handwarm erwärmen. Für den Vorteig die Hefe in eine Schüssel bröckeln und mit 100 ml von der erwärmten Milch und 1 EL Mehl zu einem Brei verrühren. An einem warmen Ort zugedeckt etwa 15 Min. gehen lassen.

**2.** Die sehr weiche Butter mit Puderzucker, Zimt, Ei und 1 Prise Salz in einer Schüssel verrühren. Den Vorteig und die restliche Milch hinzufügen, das übrige Mehl darübersieben und sämtliche Zutaten gut vermengen.

**3.** Die Masse auf die Arbeitsfläche stürzen und mit den Händen in 10–12 Min. zu einem glatten Teig verkneten. Den Teig wieder in die Schüssel geben, mit einem feuchten Tuch bedecken und ca. 45 Min. gehen lassen, bis er in etwa die doppelte Größe erreicht hat.

**4.** Den Teig auf der leicht bemehlten Arbeitsfläche kurz verkneten und in 16 gleich große Portionen teilen. Die Teigstücke zu Kugeln schleifen (d. h., in der hohlen Hand und mit etwas Druck auf der Arbeitsfläche kreisen lassen, bis die Oberfläche glatt und gewölbt ist). Mit einem bemehlten Tuch bedecken und erneut 20 Min. gehen lassen. Ab nun darauf achten, dass die Oberseite der Teigkugel auch im weiteren Verlauf immer oben bleibt.

**5.** Am Ende der Gehzeit die Teigkugeln ca. 5 mm dünn ausrollen und weitere 10–15 Min. gehen lassen. Inzwischen das Frittierfett in einen weiten Topf geben (mindestens 8 cm hoch) und auf 170–180 °C erhitzen.

**6.** Die Teigstücke von der Mitte her hauchdünn und rund (ca. 20 cm Ø) ausziehen, dabei einen knapp 1 cm dicken, gleichmäßigen Rand stehen lassen.

**7.** Krapfen einzeln auf das heiße Fett legen, mit einem Holzlöffel im Kreis drehen und dabei ständig mit einem Schaumlöffel mit heißem Fett übergießen. Die Krapfen sollten sich währenddessen haubenartig aufblähen. Ohne zu wenden in 1–1,5 Min. goldbraun backen.

**8.** Haubenkrapfen mit einem Schaumlöffel aus dem Fett nehmen und auf einem Kuchengitter abtropfen lassen. Noch warm mit Puderzucker bestäuben und servieren.

Faschingskrapfen (oben), klassisch mit Puderzucker bestreut und mit Aprikosenkonfitüre gefüllt, gibt es in allen Variationen. Haubenkrapfen (rechts) sind auch ohne Füllung purer Genuss!

# Dafeide Erdäpfel

HEFEBÄLLCHEN MIT PFLAUMENFÜLLUNG

## Zutaten

*für 4 Personen*
*benötigte Zeit: 1 Std. Zubereitung, 1 Std. 30 Min. Gehen, je 6 Min. Frittieren*

***Für den Teig:***
*125 ml Milch*
*20 g frische Hefe*
*300 g Weizenmehl (Type 550)*
*½ Bio-Zitrone*
*3 zimmerwarme Eier (M)*
*40 g Feinkristall-Zucker*
*Salz*

***Für die Füllung:***
*150 g getrocknete Pflaumen*
*1 Stück Bio-Orangenschale*
*50 g Feinkristall-Zucker*
*1 TL Zimtpulver*
*1 Prise gemahlene Nelken*
*1–2 TL Rum (nach Belieben)*

***Außerdem:***
*Mehl zum Arbeiten*
*Frittierfett (nach Belieben Butterschmalz)*
*3 Eier*
*2 EL Zucker*
*3 TL Zimtpulver*

**1.** Die Milch in einem kleinen Topf bei geringer Hitze handwarm erwärmen. Für den Vorteig die Hefe in eine Schüssel bröckeln und mit 70 ml von der erwärmten Milch und 30 g Mehl zu einem Brei verrühren. An einem warmen Ort zugedeckt etwa 15 Min. gehen lassen.

**2.** Zitrone heiß waschen, abtrocknen und die Schale fein abreiben. Übriges Mehl in eine Schüssel sieben und mittig eine Mulde formen. Ein Ei trennen, das Eiweiß anderweitig verwenden. Eigelb, ganze Eier, Zitronenschale, Zucker und 1 Prise Salz mit der Hefemilch in die Mehlmulde geben und mit einer Gabel locker vermengen.

**3.** Die Masse auf die Arbeitsfläche stürzen und in 10–12 Min. zu einem glatten Hefeteig verkneten. Den Teig wieder in die Schüssel geben, mit einem feuchten Tuch bedecken und etwa 1 Std. gehen lassen.

**4.** Inzwischen die Pflaumen mit der Orangenschale in einen Topf geben, mit Wasser bedecken und zugedeckt bei geringer Hitze in 30–40 Min. weich schmoren.

**5.** Anschließend die Orangenschale entfernen und die Pflaumen mit Zucker, Zimt, Nelken und nach Belieben dem Rum in einen hohen Rührbecher geben. Sämtliche Zutaten mit dem Pürierstab zu einem dicken Mus pürieren. Bei Bedarf esslöffelweise Kochwasser zugeben, bis die gewünschte Konsistenz erreicht ist. Das Mus darf durchaus noch kleine Pflaumenstückchen enthalten.

**6.** Den Teig auf der leicht bemehlten Arbeitsfläche kurz verkneten und in 8 gleich große Portionen teilen. Die Teigstücke mit der Hand leicht flach drücken und je einen Klecks Zwetschgenmus daraufgeben. Den Teig jeweils sorgfältig verschließen, in eine ovale Form bringen und auf ein bemehltes Holzbrett setzen. Mit einem bemehlten Tuch bedecken und 15 Min. gehen lassen.

**7.** Inzwischen das Frittierfett in einen tiefen Topf geben (mindestens 8 cm hoch) und auf ca. 170 °C erhitzen. Eier in einer kleinen, tiefen Schüssel verquirlen. In einer Schale Zucker und Zimt miteinander vermischen.

**8.** Die Teiglinge portionsweise in das heiße Fett gleiten lassen und in ca. 5 Min. goldbraun backen. Mit einem Schaumlöffel aus dem Fett heben, noch heiß durch die versprudelten Eier ziehen und in weiteren 15–20 Sek. fertig backen. Erneut aus dem Fett heben und in der Zucker-Zimt-Mischung wälzen. Die dafeiden Erdäpfel (»verfaulte Kartoffeln«) schmecken am besten warm.

### EIN WENIG SCHMEICHELHAFTER NAME

Das Rezept für die dafeiden Erdäpfel stammt ursprünglich aus dem südlichen Niederbayern, unweit von Salzburg. Das Aussehen des fertigen Gebäcks ähnelt tatsächlich einer inwendig faulen Kartoffel, hinter dem recht unappetitlichen Namen verbirgt sich allerdings ein großer Genuss. Vielleicht muss sich eine solche Köstlichkeit tatsächlich mit einem derartigen Namen vor übermäßigem Verzehr schützen? Auf den Tisch kam die reichhaltige Leckerei zur Feier der Ernte und zu anderen festlichen Anlässen.

Die süße Füllung aus getrockneten Pflaumen darf nicht zu dünnflüssig sein. Alternativ können Sie fertiges Zwetschgenmus aus dem Handel fester einkochen oder Tiefkühl-Zwetschgen mit etwas Zucker zu einem sehr dicken Mus einkochen.

# Hollerkiachl

SCHMECKT NACH FRÜHLING

**Zutaten**

*für 4 Personen; benötigte Zeit: 20 Min. Zubereitung, je 30 Sek. Frittieren*

*4 große Holunderblütendolden*
*40 g Weizenmehl (Type 405)*
*40 g Speisestärke*
*1 EL Puderzucker*
*1 TL Bourbon-Vanillezucker*
*Salz*
*80 ml Weißwein oder weißer Traubensaft*
*1 Ei (M)*
*30 ml Mineralwasser (mit Kohlensäure)*

***Außerdem:***
*250 ml Frittierfett (nach Belieben Butterschmalz)*
*Puderzucker zum Bestreuen*

**1.** Holunderblüten sacht ausschütteln, um Insekten und Verunreinigungen zu entfernen. Frittierfett in einem breiten Topf (mindestens 8 cm hoch) auf 180 °C erhitzen.

**2.** Mehl und Speisestärke in eine Schüssel sieben. Puderzucker, Vanillezucker, 1 Prise Salz und Weißwein hinzufügen und mit einem Schneebesen glatt verrühren.

**3.** Dann das Ei und zuletzt das Mineralwasser unter den Teig rühren, dieser sollte cremig, aber nicht zu flüssig sein. Bei Bedarf esslöffelweise Mineralwasser nachgeben, bis die gewünschte Konsistenz erreicht ist.

**4.** Eine Holunderblütendolde am Stiel fassen und durch den Teig ziehen. Etwas abtropfen lassen, dann in das heiße Fett geben und in 20–30 Sek. goldbraun backen.

**5.** Mit einem Schaumlöffel herausheben und auf Küchenpapier abtropfen lassen. Auf diese Weise alle Holunderblütendolden ausbacken. Noch warm mit Puderzucker bestreuen und frisch servieren.

# Apfelkiachl

FÜR HERBST UND WINTER

**Zutaten**

*für 4 Personen; benötigte Zeit: 30 Min. Zubereitung, je 80 Sek. Frittieren*

*1 Zitrone*
*4 große Äpfel (z. B. Boskop)*
*3 Eier (M)*
*1 EL Zucker*
*Salz*
*1 TL Bourbon-Vanillezucker*
*225 ml Milch*
*200 g Wiener Grießler*

***Außerdem:***
*Frittierfett (nach Belieben Butterschmalz)*
*2 EL Zucker*
*3 TL Zimtpulver*

**1.** Zitrone halbieren, den Saft auspressen. Äpfel schälen und das Kerngehäuse ausstechen. Die Äpfel in dicke Scheiben schneiden und mit Zitronensaft beträufeln.

**2.** Das Frittierfett in einen breiten Topf geben (mindestens 8 cm hoch) und auf ca. 180 °C erhitzen.

**3.** Die Eier trennen. Eiweiße, Zucker und 1 Prise Salz mit dem Handrührgerät zu einem geschmeidigen Schnee schlagen. Eigelbe mit Vanillezucker, Milch und Mehl glatt rühren. Eischnee luftig unter den Teig heben.

**4.** Die Apfelradeln mit einem Holzstäbchen durch den Backteig ziehen, etwas abtropfen lassen und dann in das heiße Schmalz geben. In jeweils 30–40 Sek. beidseitig goldgelb backen, hierzu einmal wenden.

**5.** Zucker und Zimt in einer Schale mischen. Apfelringe aus der Pfanne heben, kurz auf Küchenpapier entfetten und sofort in Zucker und Zimt wälzen. Apfelkiachl warm anrichten und mit einem Glas Milch servieren.

# Krapfen und Co.

**Die eigentlichen Meister im Frittieren sind nicht die Pommes liebenden Amerikaner: Nicht nur der Alpenraum, auch der Rest von Bayern sowie fast alle ländlichen Küchen der Welt backen aus wie die Weltmeister.**

Seinerzeit war der Ausdruck »backen« allein dem Sieden von Mehlspeisen im heißen Schmalz vorbehalten. Alles, was im heißen Ofen den letzten Schliff erhielt, wurde dagegen nicht gebacken, sondern gebraten.

## ALLSEITS BELIEBT

Das Essen schmalzgebackener Speisen ist in der alpenländischen Küche fest verwurzelt. In früheren Zeiten verlangte die harte körperliche Arbeit auf den Höfen nach einer fetten und kohlenhydratreichen Ernährung, und so wurde in manchen Gegenden der Alpen fast täglich Schmalzgebackenes aufgetischt. Meistens servierte man es jedoch als Festtagsspeise zu Weihnachten, Ostern, am Kirchtag und am ersten Fastentag.
Es gibt wohl keine andere Zubereitungsart im Alpenraum, die so viele verschiedene Arten von Speisen mit unterschiedlichsten Formen und Bezeichnungen hervorgebracht hat wie das Backen in Schmalz. Gebacken wurde nicht nur mit Hefeteig, wie für süße Krapfen oder Kücherl, sondern auch mit Nudelteig, Mürbteig, Butterteig, Brandteig und zähflüssigem Backteig.
Viele dieser Speisen sind leider aus den Küchen und Backstuben verschwunden. Aber einige sind uns erhalten geblieben und haben sich zu echten Klassikern gemausert. Neben den süßen Auszognen, auch Bauernkrapfen, Knieküchle oder Fensterkiachl genannt, zählen dazu vor allem die aus Roggennudelteig gebackenen Blattln, Strauben aus Backteig, süße Polsterzipfl und deftige, mit Sauerkraut gefüllte Hasenöhrl.

## DAS RICHTIGE FETT

**Butterschmalz** ist zum Frittieren ideal, da es einen hohen Rauchpunkt von ca. 200 °C hat. Es verbrennt dadurch nicht so schnell und ist mehrmals verwendbar. Butterschmalz spritzt nicht, da ihm das Wasser vollständig entzogen wurde. Es verleiht den Speisen einen feinen Buttergeschmack. Im Kühlschrank aufbewahrt bleibt Butterschmalz über ein Jahr haltbar.
**Schweineschmalz** enthält einen geringen Anteil an Wasser und kann bei Siedetemperatur zu spritzen beginnen. Daher einen hohen Topf verwenden. Schweineschmalz hat einen kräftigen Eigengeschmack und eignet sich für deftige Speisen wie zum Beispiel Fleischkrapfen.
Bei **pflanzlichen Fetten und Ölen** gilt es darauf zu ach-ten, ob sie speziell zum Frittieren geeignet sind. Kalt gepresste Pflanzenöle sind nicht ausreichend hitzebeständig und sollten daher nicht verwendet werden.

## WORAUF ES ANKOMMT

- Verwenden Sie einen ausreichend breiten und hohen Topf. Damit das Gebäck schwimmen kann, sollte sich mindestens 8 cm hoch Fett im Topf befinden. Außerdem sollten Sie das Fett nur bis 5 cm unter den Rand einfüllen, damit es nicht überschäumt.
- Das Fett langsam erhitzen und dabei immer wieder die Temperatur überprüfen. Wer kein Küchenthermometer hat, hält den Holzstiel eines Kochlöffels in das Fett: Sobald Bläschen daran aufsteigen, passt die Temperatur.
- Lassen Sie die Teiglinge behutsam in das heiße Fett gleiten und backen Sie nicht zu viele Teilchen gleichzeitig, da sie beim Backen stark aufgehen werden.
- Die Stücke einmal wenden und nicht zu dunkel backen! Am besten ein Stück auf Probe backen und gleich kosten, so bekommen Sie ein Gespür für die Backdauer.
- Das fertige Gebäck mit einem Schaumlöffel aus Metall herausheben und kurz entfetten. Dazu vorab einen Teller oder ein Backblech mit Küchenpapier auslegen.
- Überprüfen Sie die Temperatur des siedenden Fettes, bevor Sie die nächste Portion backen.

# Hauberlinge

## ZUR BROTZEIT ODER ALS SUPPENEINLAGE

**Zutaten** *für 4 Personen; benötigte Zeit: 30 Min. Zubereitung, 1 Std. Gehen, 7 Min. Frittieren*

*220 g Weizenmehl (Type 405)*
*140 g Roggenmehl (Type 997)*
*270 ml zimmerwarmes Weißbier*
*½ TL Kümmel*
*1 EL Schnittlauch*
*Salz*
*20 g frische Hefe*

***Außerdem:***
*Frittierfett (nach Belieben Butterschmalz)*

**1.** Beide Mehle in eine Schüssel sieben. Weißbier, Kümmel, Schnittlauch und 1 gestrichenen TL Salz hinzufügen und mit den Mehlen zu einem glatten Teig verrühren.

**2.** Hefe in 50 ml Wasser auflösen und mit einem Kochlöffel unter den Teig schlagen. Die Schüssel mit einem feuchten Tuch bedecken und den Hefeteig bei Raumtemperatur etwa 1 Std. gehen lassen.

**3.** Das Frittierfett in einen breiten Topf geben (etwa 8 cm hoch) und auf ca. 170 °C erhitzen.

**4.** Mit einem Esslöffel eine Portion Teig abstechen und in das heiße Schmalz geben. Die nächste Portion Teig rasch an den ersten Klecks setzen und so fortfahren, bis eine Reihe aus 5–6 zusammenhängenden Teigklecksen entstanden ist.

**5.** Die Hauberlinge an der Unterseite in 4 Min. goldbraun backen, dann die Reihe wenden und in weiteren 3 Min. fertig backen.

**6.** Fertig gebackene Hauberlinge im Backofen bei 100 °C warm halten, bis der Teig verbraucht ist.

# Hasenöhrl

MAL HERZHAFT, MAL SÜSS

## Zutaten

*für 4 Personen*
*benötigte Zeit: 40 Min. Zubereitung, 20 Min. Ruhen, je 70 Sek. Frittieren*

*180 g Weizenmehl (Type 405)*
*70 g Roggenmehl (Type 997)*
*250 g saure Sahne*
*1 Ei (M)*
*Salz*

***Außerdem:***
*Schweineschmalz zum Frittieren*
*Mehl zum Arbeiten*

### VARIANTE

Hasenöhrl können nicht nur als deftige Hauptspeise, sondern auch als köstliches Dessert serviert werden. Hierzu den Teig wie im Rezept beschrieben zubereiten, aber nicht in Schweineschmalz, sondern in Butterschmalz herausbacken. Anschließend auf Küchenpapier entfetten und noch warm mit Puderzucker bestreut genießen.

**1.** Beide Mehle in eine Schüssel sieben und mittig eine Mulde formen. Saure Sahne, Ei und 1 kräftige Prise Salz in die Mulde geben und alles gut vermengen. Der Teig sollte mittelfest sein und sich anschließend leicht ausrollen lassen. Bei Bedarf esslöffelweise etwas Wasser zugeben, bis die gewünschte Konsistenz erreicht ist.

**2.** Teig aus der Schüssel auf die Arbeitsfläche stürzen und 10–12 Min. verkneten. Anschließend mit Frischhaltefolie abdecken und etwa 20 Min. ruhen lassen.

**3.** In der Zwischenzeit das Schweineschmalz in einen breiten Topf geben (mindestens 8 cm hoch) und auf 180 °C erhitzen. Backofen auf 100 °C vorheizen, dabei eine weite, ofenfeste Schüssel mit anwärmen.

**4.** Den Teig auf die leicht bemehlte Arbeitsfläche geben, etwa 2 mm dünn ausrollen und mit einem gewellten Teigrad zu hasenohrförmigen Rauten ausradeln.

**5.** Hasenöhrl portionsweise in das heiße Fett gleiten lassen und 30–40 Sek. backen. Sobald sich der Teig bläht und goldbraun färbt, mit einem Schaumlöffel wenden und in weiteren 20–30 Sek. fertig backen.

**6.** Hasenöhrl mit einem Schaumlöffel aus dem Topf heben und kurz auf Küchenpapier abtropfen lassen. Dann in die vorgewärmte Schüssel geben und im Ofen warm halten, bis der restliche Teig verbraucht ist.

**7.** Hasenöhrl warm servieren und saftiges Sauerkraut dazu reichen. Jeder nimmt sich ein Hasenöhrl aus der Schüssel, füllt es mit Kraut und isst es aus der Hand.

# Südtiroler Tirtlan

AUS DEM PUSTERTAL

## Zutaten

*für 4 Personen*
*benötigte Zeit: 1 Std. Zubereitung, 30 Min. Gehen, je 3 Min. Frittieren*

***Für den Teig:***
*80 g Roggenmehl (Type 997)*
*180 g Weizenmehl (Type 405)*
*1 EL Olivenöl*
*1 Ei (M)*
*100 ml Milch*
*Salz*

***Für die Füllung:***
*80 g Zwiebel*
*1 Knoblauchzehe*
*1 EL Butter*
*20 g Parmesan*
*300 g Baby-Spinat*
*100 g Magerquark*
*Salz*
*frisch geriebene Muskatnuss*

***Außerdem:***
*Mehl zum Arbeiten*
*Butterschmalz oder Schweineschmalz zum Frittieren*

**1.** Für den Teig beide Mehle auf die Arbeitsfläche sieben und mittig eine Mulde formen. Olivenöl, Ei, Milch und 1 Prise Salz in die Mulde geben und alles von außen nach innen zu einem glatten Teig verkneten. Mit einem feuchten Tuch bedecken und 30 Min. ruhen lassen.

**2.** Für die Füllung Zwiebel und Knoblauch schälen, fein hacken. Die Butter in einer Pfanne erhitzen. Zwiebeln und Knoblauch darin bei geringer Hitze leicht bräunen, dann herausnehmen und etwas abkühlen lassen.

**3.** Parmesan fein reiben. Spinat verlesen, gründlich waschen und trocken schleudern, dann fein hacken. In einer Schüssel mit Quark, Parmesan, Zwiebeln und Knoblauch vermengen. Mit Salz und Muskat abschmecken.

**4.** Den Teig zu einer daumendicken Rolle formen und 32 gleich große Stücke abtrennen. Die Teigstücke jeweils zu runden, sehr dünnen Flecken ausrollen.

**5.** Die Spinatfüllung auf 16 Flecken verteilen, dabei einen schmalen Rand belassen. Teigrand jeweils mit Wasser bepinseln. Restliche Teigflecken obenauf legen und mit bemehlten Händen die Ränder fest zwicken.

**6.** Den Rand der Tirtlan mit einem gewellten Teigrad zurechtschneiden oder mit einem runden, gewellten Keksausstecher einen hübschen Rand ausstechen.

**7.** Schmalz in eine breite, tiefe Pfanne geben (mindestens 8 cm hoch) und auf 170–180 °C erhitzen. Die Tirtlan im heißen Fett schwimmend in ca. 1,5 Min. pro Seite goldbraun backen. Dann aus der Pfanne heben, auf Küchenpapier entfetten und warm servieren.

Klein, aber fein – mit knusprigen Hasenöhrl (oben) und Südtiroler Tirtlan mit einer Füllung aus Spinat, Quark und Käse (rechts) kommen Freunde herzhafter Kost voll auf ihre Kosten!

# Festliche Kuchen und Torten

Sie sind die Krönung jeder Kaffeetafel, doch selbst zu früheren Zeiten ließen sich diese edlen Tortenstücke nicht nur Fürsten und Prinzregenten auf der Zunge zergehen. Bei Maroni-, Schwarzplenten- und Nusstorte griff man einfach auf heimische Zutaten zurück und kreierte daraus großes Tortenglück für die eigene Familie.

# Grundrezept Biskuitteig

NACH WIENER ART

## Zutaten

*für 1 Springform mit ca. 24 cm Ø; benötigte Zeit: 55 Min. Zubereitung, 45 Min. Backen*

*1 Bio-Zitrone*
*50 g Butter*
*6 Eier (M)*
*160 g Feinkristall-Zucker*
*1 TL Bourbon-Vanillezucker*
*120 g Weizenmehl (Type 405)*
*40 g Speisestärke*
*Salz*

### GUT ZU WISSEN

Biskuitteig kann **klassisch wienerisch** mit warm aufgeschlagenen Eiern und zerlassener Butter (siehe Grundrezept) oder nach **einfacher Art** mit aufgeschlagenem Eigelb und Eischnee (siehe Schwarzplenten-Torte, Seite 126) zubereitet werden. In beiden Fällen kommt erst ganz am Ende das Mehl hinzu. Dieses so schonend wie möglich unterziehen, damit die Masse luftig bleibt.

**1.** In einem Topf mit ca. 20 cm Ø etwa 5 cm hoch Wasser zum Kochen bringen. Den Boden der Springform mit Backpapier auslegen, dann den Rahmen aufsetzen und das Backpapier damit faltenfrei festspannen. Die überstehenden Ränder rundum abschneiden.

**2.** Den Backofen auf 170 °C vorheizen. Die Zitrone heiß waschen, abtrocknen und die Schale fein abreiben. Die Butter in einem Topf bei geringer Hitze zerlassen.

**3.** Die Eier mit Zitronenschale, Zucker und Vanillezucker in eine hitzefeste, bauchige Schüssel mit ca. 28 cm Ø geben. Diese auf den Topf über das dampfende Wasserbad stellen und den Eier-Mix mit den Rührbesen des Handrührgeräts schaumig aufschlagen, bis sich die Creme auf ca. 50 °C erwärmt hat. Dann die Schüssel vom Wasserbad nehmen und die Creme unter Rühren mit dem Handrührgerät lauwarm abkühlen lassen.

**4.** Mehl, Speisestärke und 1 Prise Salz in ein mittelfeines Sieb geben, portionsweise über die Eiermasse sieben und mit einem Gummispatel vollständig unterheben. Die Masse sollte kaum an Volumen verlieren. Zuletzt die zerlassene Butter kreisförmig unter die Creme ziehen.

**5.** Den Teig sofort in die vorbereitete Form streichen und im heißen Ofen (2. Schiene von unten) 45–50 Min. backen. Vor dem Weiterverarbeiten auskühlen lassen.

## Tipps & Tricks

- Damit der Teig beim Backen keine Kuppel bekommt, den Rand der Form nicht fetten. So backt der Teig am Rand fest und es entsteht eine gerade Oberfläche.
- Biskuitteig rasch in die Form oder auf das Blech gießen und mit einer Teigkarte flott verstreichen.
- Während der ersten zwei Drittel der Backzeit die Backofentüre auf keinen Fall öffnen, da der Teig sonst zusammenfallen kann.
- Um zu prüfen, ob der Teig für Biskuitrouladen fertig gebacken ist, mit den Fingern leicht in den Teig drücken; die Delle solllte sofort verschwinden. Bei Teig in Springformen hilft die Stäbchenprobe (siehe Seite 23).
- Für Kuchen und Torten den gebackenen Boden auf Backpapier stürzen und auf einem Kuchengitter erkalten lassen. Bevor Sie ihn mit einem Sägemesser in Schichten schneiden, sollte er einen halben Tag ruhen.
- Den Teig für eine Biskuitrolle beim Abkühlen mit einem feuchten Tuch bedecken. Den erkalteten Teig mit der Füllung bestreichen und dann erst aufrollen.

# Steirische Maronitorte

RAFFINIERT

## Zutaten

*für 1 Springform mit ca. 24 cm Ø*
*benötigte Zeit: 1 Std. 40 Min. Zubereitung, 50 Min. Backen, 7 Std. Kühlen*

***Für den Teig:***
*1 Bio-Zitrone*
*100 g Butter*
*40 g Walnusskerne*
*5 Eier (M)*
*190 g Feinkristall-Zucker*
*100 g Weizenmehl (Type 405)*
*1 Prise Zimtpulver*
*1 gestrichener EL Kakaopulver*
*2 EL Rum (nach Belieben)*

***Für die Maronicreme:***
*180 g geschälte und vorgegarte Maroni (vakuumiert)*
*1 TL Zitronensaft*
*80 g Puderzucker*
*1 TL Bourbon-Vanillezucker*
*250 g zimmerwarme Butter*

***Für die Glasur:***
*150 g Aprikosenkonfitüre*
*150 g Sahne*
*200 g Blockschokolade*

***Außerdem:***
*10 in Karamell getauchte Maronen zum Verzieren (siehe Tipp)*

**1.** Den Boden der Springform mit Backpapier auslegen, dann den Rahmen aufsetzen und festspannen. Das überstehende Papier rundum abschneiden.

**2.** Die Zitrone heiß waschen, abtrocknen und die Schale fein abreiben. Die Butter in einem kleinen Topf bei geringer Hitze zerlassen. Die Walnusskerne fein mahlen. Den Backofen auf 170 °C vorheizen.

**3.** Für den Biskuit Eier, 90 g Zucker und Zitronenschale in eine hitzefeste Schüssel geben und über dem Wasserbad mit dem Handrührgerät schaumig aufschlagen, bis sich die Creme erwärmt hat (ca. 50 °C). Schüssel vom Wasserbad nehmen und die Creme unter Rühren mit dem Handrührgerät lauwarm abkühlen lassen.

**4.** Mehl, Zimt und Kakao in ein mittelfeines Sieb geben und im Wechsel mit den gemahlenen Walnüssen nach und nach über die Eiermasse sieben und unterheben. Zuletzt die zerlassene Butter mit einem Gummispatel kreisförmig unter die abgekühlte Creme ziehen.

**5.** Den Teig in die vorbereitete Form streichen und im heißen Ofen (2. Schiene von unten) 45–50 Min. backen. Anschließend herausnehmen, etwas abkühlen lassen und dann erst aus der Form lösen und stürzen. Das Backpapier abziehen und den Biskuit auskühlen lassen.

**6.** Inzwischen den restlichen Zucker mit 100 ml Wasser aufkochen und in ca. 5 Min. bei geringer Hitze zu einem leichten Sirup einkochen. Den Zuckersirup (Läuterzucker) erkalten lassen. Nach Wunsch den Rum einrühren.

**7.** Für die Creme Maroni mit 125 ml Wasser und Zitronensaft zu einer glatten Paste pürieren, dann den Puder- und Vanillezucker untermischen. Die Butter mit den Rührbesen des Handrührgeräts weiß-schaumig aufschlagen. Das Maronipüree portionsweise unterheben.

**8.** Den Schokobiskuit mit einem langen, scharfen Messer oder mittels Bindfaden dreimal waagrecht durchschneiden, sodass vier gleichmäßig dicke Böden entstehen. Drei der Böden mit dem Zuckersirup tränken.

**9.** Die drei getränkten Tortenböden jeweils mit einem Drittel der Maronicreme bestreichen und aufeinandersetzen. Den vierten, ungetränkten Tortenboden obenauf legen. Überstehende Creme am Rand glatt streichen und die Torte zugedeckt 5–6 Std. kühl stellen.

**10.** Für die Glasur die Konfitüre in einem Topf kurz aufkochen, durch ein Sieb passieren und abkühlen lassen. Die Torte mit Konfitüre rundum einstreichen.

**11.** In einem weiteren Topf die Sahne vorsichtig erhitzen, dann den Topf vom Herd nehmen. Blockschokolade grob hacken, in der heißen Sahne schmelzen, alles gut verrühren und auf ca. 30 °C abkühlen lassen. Die Glasur über den Kuchen gießen und flott verstreichen.

**12.** Maronitorte eine weitere Stunde kühl stellen und mit Karamellmaroni (siehe Tipp) dekoriert servieren.

### KARAMELLISIERTE MARONI

Zehn formschöne vorgegarte Maroni vorsichtig auf dünne Holzspieße stecken. 80 g Feinkristall-Zucker gleichmäßig verteilt in eine schwere Pfanne mit ca. 25 cm Ø streuen und bei geringer Hitze ohne Umrühren zu klarem Karamell schmelzen. Wenn der Zucker vollständig geschmolzen ist, die Pfanne vom Herd ziehen, die Maroni kurz in das heiße Karamell tunken und senkrecht nach oben abziehen, sodass sich eine etwa 5 cm lange, dünne Spitze bildet. Die Holzspieße mit den Maroni nach oben in Gläser stellen und trocknen lassen.

# Schwarzplenten-Torte

AUS SÜDTIROL

## Zutaten

*für 1 Springform mit 24 cm Ø*
*benötigte Zeit: 30 Min. Zubereitung, 45 Min. Backen, 1 Std. Abkühlen*

***Für den Teig:***
*200 g gemahlene Haselnusskerne*
*250 g Buchweizenmehl (sogenanntes Schwarzplenten-Mehl)*
*1 TL Backpulver*
*½ Bio-Zitrone*
*200 g zimmerwarme Butter*
*7 Eier (M)*
*50 g flüssiger Honig*
*1 TL Bourbon-Vanillezucker*
*125 ml Milch*
*130 g Feinkristall-Zucker*

***Für Füllung und Belag:***
*400 g Preiselbeerkonfitüre*
*2 Blatt Gelatine*
*100 g Mandelblättchen*

***Außerdem:***
*Butter für die Form*
*Zucker zum Ausstreuen*

**1.** Für den Teig die Springform mit Butter einstreichen und mit Zucker ausstreuen. Nüsse, Buchweizenmehl und Backpulver in einer Schüssel vermischen. Die Zitrone heiß waschen, abtrocknen und etwa ½ TL Schale fein abreiben. Den Backofen auf 180 °C vorheizen.

**2.** Die zimmerwarme Butter mit dem Handrührgerät luftig-schaumig aufschlagen. Die Eier trennen, Eiweiße beiseitestellen, Eigelbe einzeln in die Buttercreme einrühren. Anschließend Honig, Vanillezucker und Zitronenschale hinzufügen und zuletzt die Mehlmischung im Wechsel mit der Milch in die Buttermasse einrühren.

**3.** Eiweiße schaumig aufschlagen, dabei unter Rühren den Zucker langsam einrieseln lassen und alles zu einem mittelfesten, noch geschmeidigen Eischnee schlagen. Eischnee luftig unter den Buchweizenteig heben.

**4.** Den Teig in die vorbereitete Form gießen, glatt strei- und im vorgeheizten Ofen (Mitte) 40–45 Min. backen. Dann herausnehmen und vollständig abkühlen lassen.

**5.** Den Biskuit behutsam aus der Form lösen und waagrecht halbieren. Eine Hälfte mit etwas Preiselbeerkonfitüre bestreichen und mit der zweiten bedecken.

**6.** Für den Belag die Mandelblättchen in einer beschichteten Pfanne ohne Fett rösten, bis sie anfangen zu duften. Die Gelatine in kaltem Wasser einweichen. Übrige Preiselbeerkonfitüre erwärmen. Gelatine ausdrücken und in der heißen Konfitüre auflösen. Die Schwarzplenten-Torte damit bestreichen und mit den gerösteten Mandelblättchen bestreuen.

### GUT ZU WISSEN

**Buchweizen** ist kein Getreide, sondern ein Knöterichgewächs. Gemahlen lassen sich seine Samen jedoch wie Weizen und Co. zum Kochen und Backen verwenden und sind dabei komplett glutenfrei. Gut so, denn so können auch Menschen mit Glutenunverträglichkeit in den Genuss von Brot, Kuchen und Gebäck kommen. Alle anderen profitieren von dem besonderen, leicht nussigen Geschmack und den gesunden Inhaltsstoffen.

# Kürbis-Biskuitrolle

MIT BEEREN

## Zutaten

*für 4 Personen*
*benötigte Zeit: 45 Min. Zubereitung, 15 Min. Backen, 2 Std. Kühlen*

***Für den Teig:***
*30 g geröstete, ungesalzene Kürbiskerne*
*7 Eier (M)*
*70 g Feinkristall-Zucker*
*50 g Weizenmehl (Type 405)*

***Für die Füllung:***
*300 g Himbeeren und Brombeeren*
*2 EL Puderzucker*
*1 TL Bourbon-Vanillezucker*
*250 g eiskalte Sahne (mind. 36% Fett)*
*2–3 TL kaltes Kürbiskernöl*

***Außerdem:***
*Zucker zum Bestreuen*
*Puderzucker zum Bestreuen*

**1.** Backofen auf 200 °C vorheizen. Ein Backblech mit Backpapier auslegen. Die Kürbiskerne fein mahlen.

**2.** Für den Teig 3 Eier trennen, die Eiweiße anderweitig verwenden. Eigelbe, übrige Eier und Zucker in eine hitzefeste Schüssel geben und über dem heißen Wasserbad mit dem Handrührgerät schaumig aufschlagen, bis sich die Creme deutlich erwärmt hat (ca. 50 °C).

**3.** Schüssel vom Wasserbad nehmen und mit dem Handrührgerät weiterrühren, bis die Creme eine sehr schaumige, stabile Konsistenz hat. Das Mehl mit den gemahlenen Kernen vermischen, das Gemisch nach und nach über die Masse sieben und luftig unterheben.

**4.** Teig auf das vorbereitete Blech geben und möglichst glatt und gleichmäßig bis zum Rand verstreichen. Im vorgeheizten Ofen (Mitte) 12–14 Min. backen, dabei darauf achten, dass der Biskuit nicht zu dunkel wird.

**5.** Den Biskuit aus dem Ofen nehmen, dünn mit Zucker bestreuen und auf einen Bogen Backpapier stürzen. Mit einem feuchten Tuch bedecken und auskühlen lassen.

**6.** Für die Füllung 70 g Beeren mit Puderzucker und Vanillezucker pürieren. Die Sahne steif schlagen und mit dem Beerenpüree sowie Kürbiskernöl vermengen.

**7.** Das obere Backpapier vom Biskuit abziehen (1), den Biskuit mit der Sahne bestreichen (2), mit den restlichen Beeren belegen (3) und einrollen (4). Im Kühlschrank etwa 2 Std. fest werden lassen. Anschließend herausnehmen, mit Puderzucker bestreuen und servieren.

### TIPPS

Echt **steirisches Kürbiskernöl** hat eine tiefgrüne Farbe und dickflüssige Konsistenz. Die Menge an Öl und Kürbiskernen in diesem Rezept wirkt sich jedoch nicht auf die Farbe des Biskuits aus. Bei den Kernen auf Frische achten, sie werden schnell ranzig! Darum vorab ein paar Kerne kosten.

# Linzer Torte

KLASSIKER FÜRS GANZE JAHR

## Zutaten

*für 1 Springform mit 24 cm Ø*
*benötigte Zeit: 30 Min. Zubereitung, 1 Std. Kühlen, 50 Min. Backen*

***Für den Teig:***

*160 g gemahlene Haselnusskerne*
*1 Bio-Zitrone*
*1 Vanilleschote*
*160 g Puderzucker*
*350 g Weizenmehl (Type 405), ersatzweise Dinkelmehl (Type 630)*
*1 Prise Zimtpulver*
*1 Prise gemahlene Nelken*
*10 g Backpulver*
*220 g eiskalte Butter*
*2 Eier (L)*
*350 g rote Johannisbeerkonfitüre*

***Außerdem:***

*Fett für die Form*
*Mehl zum Arbeiten*
*1 Ei zum Bestreichen*
*60 g Mandelblättchen*

**1.** Die gemahlenen Haselnüsse in einer Pfanne ohne Fett bei geringer Hitze rösten, bis sie anfangen zu duften. Dann aus der Pfanne nehmen und abkühlen lassen.

**2.** Zitrone heiß waschen, abtrocknen und die Schale fein abreiben. Die Vanilleschote längs aufschneiden, das Mark mit dem Rücken eines kleinen Messers herausschaben und in einer Schale mit 10 g Puderzucker vermischen, damit es sich später leichter im Teig verteilt.

**3.** Für den Teig das Mehl in eine Schüssel sieben und mit gerösteten Haselnüssen, Zitronenschale, Zimtpulver, gemahlenen Nelken und Backpulver sorgfältig mischen. Vanillemark und übrigen Puderzucker untermengen.

**4.** Mehlmischung auf die Arbeitsfläche streuen. Kalte Butter würfeln und mit den Eiern darüber verteilen. Sämtliche Zutaten mit den Fingern rasch krümelig zerreiben und möglichst flott zu einem glatten Teig verkneten. In Frischhaltefolie gewickelt ca. 1 Std. kalt stellen.

**5.** Den Backofen auf 170 °C Umluft vorheizen. Die Form fetten. Etwa zwei Drittel des Teiges auf der leicht bemehlten Arbeitsfläche 1,5 cm dick und auf die Größe der Form ausrollen und als Boden in die Form geben. Den übrigen Teig in zwei Portionen teilen.

**6.** Eine Portion zu einem ca. 2 cm dicken Strang rollen, in die Form legen und einen Rand formen, die andere 5 mm dick ausrollen und mit einem gezackten Teigrad in 1 cm breite Streifen schneiden. Den Teigboden großzügig mit der Konfitüre bestreichen, die Teigstreifen im Abstand von 3–4 cm als Gitter auf die Torte legen.

**7.** Das Ei in einer kleinen Schüssel verquirlen und das Teiggitter damit bestreichen. Den Rand der Torte mit den Mandelblättchen bestreuen. Die Linzer Torte im vorgeheizten Ofen (Mitte) 45–50 Min. backen. Dann etwas abkühlen lassen, aus der Form lösen und am besten einen Tag ruhen lassen, so wird sie besonders saftig.

### VARIANTE

Aus der Zutatenmenge lassen sich auch 6 kleine Tartelettes mit ca. 12 cm Ø herstellen. Hierbei die Ofentemperatur auf 180 °C erhöhen, die Backzeit beträgt dann aber nur noch 15–18 Min.

# Johannisbeer-Tarte

## MIT NUSS-SCHNEEHAUBE

### Zutaten

*für 1 Springform mit 20 cm Ø*
*benötigte Zeit: 40 Min. Zubereitung, 1 Std. Kühlen, 50 Min. Backen*

***Für den Teig:***
*200 g Weizenmehl (Type 405)*
*50 g Puderzucker*
*Salz*
*½ Bio-Zitrone*
*100 g eiskalte Butter*
*1 Ei (M)*

***Für die Nuss-Schneehaube:***
*40 g Walnusskerne*
*20 g Kürbiskerne*
*150 g Rote Johannisbeeren*
*150 g Weiße Johannisbeeren*
*4 Eier (M)*
*120 g Feinkristall-Zucker*

***Außerdem:***
*Fett für die Form*
*Mehl zum Arbeiten*
*Hülsenfrüchte zum Blindbacken*

**1.** Für den Mürbteig das Mehl in eine Schüssel sieben und mit dem Puderzucker und 1 Prise Salz sorgfältig vermischen. Die Zitrone heiß waschen, abtrocknen und etwa 1 Msp. Schale fein abreiben.

**2.** Mehlmischung auf die Arbeitsfläche streuen. Butter würfeln und mit Ei und Zitronenschale darüber verteilen. Sämtliche Zutaten mit den Fingern rasch krümelig zerreiben und möglichst flott zu einem glatten Teig verkneten. Teig in Frischhaltefolie wickeln und 1 Std. kalt stellen.

**3.** Den Backofen auf 160 °C Umluft vorheizen. Die Form fetten. Den Teig auf der leicht bemehlten Arbeitsfläche rund ausrollen (32–34 cm Ø) und die Form damit auslegen. Den Teigrand an die Form andrücken, den Teigboden mit einer Gabel mehrmals einstechen.

**4.** Die Form mit Backpapier auslegen und mit getrockneten Hülsenfrüchten, am besten Linsen, bedecken. Den Teig im Ofen (2. Schiene von unten) ca. 20 Min. blindbacken, dann Hülsenfrüchte und Backpapier entfernen und den Teig in ca. 5 Min. goldbraun backen.

**5.** Inzwischen Nüsse und Kerne fein mahlen. Johannisbeeren verlesen, kurz abbrausen und abtropfen lassen. Die Eier trennen, Eigelbe anderweitig verwenden.

**6.** Für das Baiser die Eiweiße mit dem Handrührgerät schaumig aufschlagen, dabei den Zucker nach und nach einrieseln lassen. Bei mittlerer Geschwindigkeit weiterrühren, bis sich der Zucker vollständig aufgelöst und der Eischnee einen seidigen Glanz bekommen hat. Gemahlene Nüsse und Kerne luftig unterheben.

**7.** Ein Drittel des Eischnees auf dem Teig verstreichen, die Beeren darauf verteilen und wellenförmig mit dem übrigen Eischnee bestreichen. Die Ofentemperatur auf 130 °C senken, die Tarte in 25–30 Min. hell backen (2. Schiene von unten) und noch warm servieren.

### TIPP

Einmal im Ofen gebacken, eignen sich die jeweiligen Hülsenfrüchte nun nicht mehr zum Kochen. Sie können jedoch durchaus öfter zum **Blindbacken** verwendet werden. Darum einfach in ein Glas geben und gut verschlossen aufbewahren.

Einfach unwiderstehlich! Prachtvolle Torten (Linzer-Torte, oben) und fruchtige Kuchen (Johannisbeer-Tarte, rechts) sind die Stars auf jeder Kaffeetafel. Also nichts wie ran an die Kuchengabel!

# Bündner Nusstorte

SPEZIALITÄT AUS GRAUBÜNDEN

## Zutaten

*für 1 Springform mit 24 cm Ø*
*benötigte Zeit: 1 Std. Zubereitung, 1 Std. Kühlen, 35 Min. Backen, 16 Std. Ruhen*

***Für den Teig:***
*270 g Weizenmehl (Type 405)*
*50 g Puderzucker*
*20 g Feinkristall-Zucker*
*Salz*
*150 g eiskalte Butter*
*1 Ei (M)*

***Für die Füllung:***
*200 g Feinkristall-Zucker*
*170 g Sahne*
*280 g Walnusskerne*
*2 EL Honig*

***Außerdem:***
*Fett für die Form*
*Mehl zum Arbeiten*

**1.** Für den Teig das Mehl in eine Schüssel sieben. Mit Puderzucker, Zucker und 1 Prise Salz sorgfältig vermischen. Die Mehlmischung auf die Arbeitsfläche streuen. Kalte Butter würfeln und mit dem Ei darüber verteilen.

**2.** Sämtliche Zutaten mit den Fingern rasch krümelig zerreiben und möglichst flott zu einem glatten Teig verkneten. Den Teig in Frischhaltefolie wickeln und mindestens 1 Std. im Kühlschrank ruhen lassen.

**3.** Für die Füllung den Zucker in einer breiten Pfanne bei geringer Hitze hellbraun karamellisieren. Dabei nie umrühren, sondern die Pfanne nur behutsam schwenken, damit der Zucker gleichmäßig schmelzen kann.

**4.** Den geschmolzenen Zucker mit Sahne ablöschen und bei mittlerer Hitze in ca. 10 Min. sämig einkochen. Inzwischen die Walnusskerne grob hacken. Gehackte Nüsse und Honig zum Karamell geben, alles gut vermengen und die Füllung lauwarm abkühlen lassen.

**5.** Die Form fetten. Etwa zwei Drittel des Teiges auf der leicht bemehlten Arbeitsfläche ca. 5 mm dünn und rund (ca. 30 cm Ø) ausrollen. Die Form damit auslegen. Den Teigrand an die Form andrücken, den Teigboden mit einer Gabel mehrmals einstechen. Die Form 10–15 Min. in das Tiefkühlfach geben, damit der Teig hart wird.

**6.** Backofen auf 200 °C vorheizen. Nussfüllung auf den Teigboden geben und glatt verstreichen. Den überstehenden Teigrand über die Füllung klappen und mit etwas Wasser befeuchten. Übrigen Teig etwa 5 mm dünn und rund (ca. 23 cm Ø) ausrollen. Teigdeckel auf die Füllung legen, am Rand gut andrücken und mit den Zinken einer Gabel ein hübsches Muster einstechen.

**7.** Die Nusstorte im Backofen (2. Schiene von unten) in ca. 35 Min. goldbraun backen. Anschließend 30–40 Min. abkühlen lassen und erst dann aus der Form lösen. Die Bündner Nusstorte 15–16 Std. durchziehen lassen.

### TIPP

Für den vollendeten Genuss auf beste Qualität und Frische der **Walnüsse** achten. Da die Kerne aufgrund des hohen Gehalts an wertvollen Fettsäuren rasch ranzig werden, sollten Sie die Nüsse in der Schale kaufen und frisch aufknacken.

# Prinzregententorte

ALTBAYERISCHES SCHMANKERL

## Zutaten

*für 1 Springform mit 24 cm Ø*
*benötigte Zeit: 2 Std. Zubereitung, 15 Min. Backen, 3 Std. Kühlen*

***Für den Teig:***

*1 Bio-Zitrone*
*40 g Butter*
*6 Eier (M)*
*150 g Feinkristall-Zucker*
*120 g Weizenmehl (Type 405)*

***Für die Buttercreme:***

*3 Eier (M)*
*500 ml Milch*
*1 Pck. Vanillepuddingpulver*
*200 g Feinkristall-Zucker*
*50 g Kakaopulver*
*100 g Zartbitter-Kuvertüre*
*300 g zimmerwarme Butter*

***Für die Glasur:***

*250 g Blockschokolade*
*100 g Butter*

**1.** Auf 6 Backpapierbögen je einen Kreis mit 24 cm Ø zeichnen. Den Backofen auf 220 °C vorheizen. Zitrone heiß waschen und abtrocknen. Die Schale fein abreiben. Die Butter in einem Topf bei geringer Hitze zerlassen.

**2.** Für den Biskuitteig die Eier trennen. Eigelbe, Zitronenschale und 50 g Zucker mit dem Handrührgerät zu einer schaumig-luftigen Creme aufschlagen. Parallel dazu die Eiweiße in der Küchenmaschine schaumig schlagen, dabei den übrigen Zucker nach und nach einrieseln lassen. Bei mittlerer Geschwindigkeit weiterrühren, bis sich der Zucker vollständig aufgelöst und der Eischnee einen seidigen Glanz bekommen hat.

**3.** Etwa ein Viertel des Eischnees in die Eigelbmasse einrühren. Anschließend das Mehl darübersieben und mit dem restlichen Eischnee unterheben. Zuletzt die zerlassene Bunter unter den Teig ziehen. Je ein Sechstel des Teiges in den vorgezeichneten Kreisen auf den Backpapierbögen verstreichen (1). Die Bögen nacheinander auf ein Backblech ziehen und die Böden im vorgeheizten Ofen (Mitte) 4–6 Min. auf Sicht hellbraun backen. Dann herausnehmen und auskühlen lassen.

**4.** Für die Creme 3 Eier trennen, die Eiweiße anderweitig verwenden. Eigelbe mit 20 ml Milch und Puddingpulver verrühren. Übrige Milch mit Zucker und Kakao zum Kochen bringen. Puddingpulver-Mix mit dem Schneebesen unterrühren und alles nochmals kurz aufkochen. Pudding vom Herd nehmen und erkalten lassen, dabei immer wieder umrühren. Anschließend durch ein feines Sieb streichen. Kuvertüre grob hacken, in eine hitzefeste Schüssel geben und im 45 °C warmen Wasserbad schmelzen. Danach auf 28 °C abkühlen lassen.

**5.** Zimmerwarme Butter schaumig aufschlagen, den Pudding löffelweise unterrühren. Butter und Pudding sollten unbedingt die gleiche Temperatur haben, da die Creme sonst gerinnt. Geschmolzene Schokolade unterrühren. Fünf Biskuitböden mit der Creme bestreichen und stapeln (2), dabei 3–4 EL Creme zurückbehalten. Den sechsten Boden auflegen. Die Torte mit der restlichen Creme rundum dünn einstreichen (3 und 4) und 2–3 Std. in den Kühlschrank stellen.

**6.** Für die Glasur Blockschokolade und Butter über dem 50 °C warmen Wasserbad schmelzen und glatt rühren. Die Torte mit der Schokoglasur überziehen.

# Weihnachts-bäckerei

Ob Vanillekipferl, Spitzbuben, Hirschknöpfe oder Chräbeli – hier versammeln sich beliebte Plätzchenklassiker mit traditionellem Weihnachtsgebäck zu einer harmonischen Vielfalt und machen die schönste Zeit des Jahres auch zu einem Fest für Augen und Gaumen. Stollen und Früchtebrot dürfen natürlich auch nicht fehlen ...

# Grundrezept Mürbteig

EINFACHE MENGE ZUCKER, ZWEIFACHE MENGE FETT, DREIFACHE MENGE MEHL (1–2–3–TEIG)

## Zutaten

*für ca. 450 g Mürbteig; benötigte Zeit: 20 Min. Zubereitung, 1 Std. Kühlen*

*½ Vanilleschote*
*210 g Weizenmehl (Type 405)*
*70 g Puderzucker*
*140 g Butter*
*1 Msp. abgeriebene Bio-Zitronenschale*
*1 Prise Salz*
*1 Eigelb*

***Außerdem:***
*Mehl zum Arbeiten*

### VARIANTEN

- Für Mürbteig-Rezepte mit geriebenen Nüssen und Kernen reduziert man das Mehl um die jeweilige Menge. Das gilt auch für Kakao.
- Immer wieder anders: Mürbteig kann z. B. mit Zitrusschale, Vanille, Rum, Mandellikör, Orangenlikör, Zimt, Nelken, Kardamom, Safran, Pfeffer, Anis, Kakao, Lebkuchengewürz, Mandelaroma, Rosenwasser usw. verfeinert werden.

**1.** Vanilleschote längs halbieren, das Mark mit einem Messer herausschaben. Mehl und Puderzucker auf die Arbeitsfläche sieben. Butter in Würfeln, Zitronenschale, Vanillemark und Salz darüber verteilen. Eigelb zugeben.

**2.** Die Zutaten mit einer Teigkarte oder einem großen Messer verhacken. Dann mit den Fingern rasch zu Krümmeln zerreiben und möglichst flott zu einem glatten Teig verkneten. Den Teig in Frischhaltefolie wickeln und mindestens 1 Std. im Kühlschrank ruhen lassen.

**3.** Backofen auf 180 °C vorheizen, zwei Backbleche mit Backpapier auslegen. Für einfache Mürbteigplätzchen den Teig auf der wenig bemehlten Arbeitsfläche 3 mm dick ausrollen und Plätzchen in beliebigen Formen ausstechen. Diese auf die Bleche geben, nach Wunsch mit Eiweiß oder Eigelb bestreichen und mit Hagelzucker, Zuckerperlen oder gehackten Nüssen bestreuen.

**4.** Die Plätzchen im vorgeheizten Ofen (Mitte) ca. 10 Min. backen. Danach herausnehmen, ca. 5 Min. abkühlen lassen und erst dann vom Blech nehmen, da frisch gebackenes Mürbteiggebäck sehr leicht bricht.

### Tipps & Tricks

Was den klassischen Mürbteig ausmacht:

- Je höher der Butter- gegenüber dem Mehlanteil ist, desto mürber wird das Gebäck.
- Es wird kein Backpulver verwendet.
- Puderzucker lässt sich homogener in den Teig einarbeiten als Kristallzucker.
- Die Zugabe von Wasser und Ei erleichtert die Verarbeitung, ist aber nicht zwingend notwendig.

Mürbteig mag es kalt! Damit der Teig gelingt:

- Mehl und Butter vorab etwa 15 Min. tiefkühlen.
- Teig zügig und am besten mit kühlen Händen kneten.
- Ist die Butter zu warm oder durch langes Kneten zu weich, geht sie keine homogene Verbindung mit dem Mehl ein, der Teig bricht beim Ausrollen oder Formen, er ist »brandig«. Dann 1 EL kaltes Wasser oder 1 Eigelb unterkneten und den Teig erneut ruhen lassen.
- Zum Ausstechen den Teig in Portionen teilen und nur die benötigte Menge aus dem Kühlschrank nehmen.
- Beim Ausrollen möglichst wenig Mehl verwenden.
- Wird der Teig bei der Verarbeitung zu weich, diesen erneut kühl stellen, aber keinesfalls Mehl unterkneten.
- Zum Backen das Backblech mit Backpapier belegen.

# Vanillekipferl

DÜRFEN NICHT FEHLEN

## Zutaten

*für ca. 80 Stück*
*benötigte Zeit: 1 Std. 20 Min. Zubereitung, 1 Std. Kühlen, 10 Min. Backen*

*1 Vanilleschote*
*1 TL Feinkristall-Zucker*
*80 g Puderzucker*
*280 g Weizenmehl (Type 405)*
*100 g gemahlene gehäutete Mandeln*
*200 g eiskalte Butter*
*Salz*

***Außerdem:***
*200 g Puderzucker*
*2 TL Bourbon-Vanillezucker*

**VARIANTE**

Für eine steirische Variante die Mandeln einfach durch fein geriebene Kürbiskerne ersetzen. Die Kipferl dann etwas größer formen und die Spitzen nach dem Backen in Schokoglasur tunken.

**1.** Vanilleschote längs halbieren und das Mark mit dem Rücken eines kleinen Messers herausschaben. Das Mark mit Feinkristall-Zucker und 1 TL vom Puderzucker in einer kleinen Schüssel zerreiben, damit sich das Mark gleichmäßig verteilt unter den Teig kneten lässt.

**2.** Mehl und Mandeln in einer Schüssel vermischen und auf die Arbeitsfläche geben. Die Butter würfeln. Vanillemark, restlichen Puderzucker, Butterwürfel und 1 Prise Salz über der Mehlmischung verteilen.

**3.** Die Zutaten mit einer Teigkarte oder einem großen Messer verhacken. Dann mit den Fingern rasch zu Krümeln zerreiben und möglichst flott zu einem glatten Teig verkneten. Den Teig in Frischhaltefolie wickeln und mindestens 1 Std. im Kühlschrank ruhen lassen.

**4.** Danach den Backofen auf 170 °C vorheizen. Zwei Backbleche mit Backpapier auslegen. Den Teig in 5–6 Portionen teilen, diese zu ca. 1,5 cm dicken Rollen for-men und nacheinander verarbeiten. Übrige Teigrollen wieder kühl stellen.

**5.** Von den Rollen jeweils ca. 3 cm breite Stücke abstechen und zu Hörnchen formen. Die Kipferl mit etwas Abstand auf den vorbereiteten Blechen verteilen. Im Ofen (Mitte) portionsweise in ca. 10 Min. goldgelb backen.

**6.** Inzwischen übrigen Puderzucker und Bourbon-Vanillezucker in einer flachen Schale mischen. Die fertig gebackenen Vanillekipferl noch heiß in der Zuckermischung wälzen und abkühlen lassen. Dann in durch Backpapier getrennten Lagen in eine Blechdose schichten.

# Spitzbuben

HEISSGELIEBTE DOPPELDECKER

## Zutaten

*für ca. 50 Stück*
*benötigte Zeit: 50 Min. Zubereitung, 2 Std. Kühlen, 10 Min. Backen*

*½ Bio-Zitrone*
*2 Eier (M)*
*300 g Weizenmehl (Type 405)*
*50 g gemahlene Haselnusskerne*
*80 g Puderzucker*
*150 g eiskalte Butter*
*1 TL Bourbon-Vanillezucker*

***Außerdem:***
*100 g Konfitüre nach Wunsch (z. B. Erdbeere, Himbeere, Johannisbeere, Heidelbeere oder Marille)*
*Puderzucker zum Bestreuen*

**1.** Zitrone heiß waschen, abtrocknen und die Schale fein abreiben. Den Saft auspressen. Eier trennen, die Eiweiße anderweitig verwenden. Mehl, Nüsse, Puderzucker, Butter in Würfeln, Vanillezucker und Zitronenschale auf die Arbeitsfläche streuen und mit den Eigelben rasch zu einem glatten Mürbteig verkneten. Den Teig in Frischhaltefolie wickeln und ca. 2 Std. kühl stellen.

**2.** Backofen auf 180 °C vorheizen. Zwei Backbleche mit Backpapier auslegen. Teig 3 mm dünn ausrollen und runde Kekse mit 3–4 cm Ø ausstechen. Hübsch ist auch ein gewellter Rand oder die Form einer Blume.

**3.** In die Hälfte der Kekse ein Loch mit 1 cm Ø stechen und alle Kekse auf die Bleche setzen. Im heißen Ofen (Mitte) nacheinander in ca. 10 Min. goldgelb backen.

**4.** Konfitüre mit Zitronensaft kurz aufkochen und durch ein feines Sieb passieren. Auf jeden Keks ohne Loch einen Tupfer Konfitüre geben. Keksringe dick mit Puderzucker bestreuen und auf die Konfitüre drücken.

# Muskazinnerl

MIT MUSKATNUSS

## Zutaten

*für 50 Stück*
*benötigte Zeit: 50 Min. Zubereitung, 1 Std. Kühlen, 10 Min. Backen*

*1 Bio-Zitrone*
*150 g Weizenmehl (Type 405)*
*150 g gemahlene Haselnusskerne*
*120 g Semmelbrösel*
*150 g Feinkristall-Zucker*
*¼ TL frisch geriebene Muskatnuss*
*1 Msp. Zimtpulver*
*1 Msp. gemahlene Nelken*
*150 g zimmerwarme Butter*
*1 Ei (M)*
*1–2 TL Rum (nach Belieben)*

***Außerdem:***
*Mehl zum Arbeiten*
*1 Eigelb*
*2 EL Milch*
*gehäutete Mandeln zum Belegen*

**1.** Zitrone heiß waschen, abtrocknen und die Schale fein abreiben. Mehl, Zitronenschale, Nüsse, Semmelbrösel, Zucker und Gewürze in einer Schüssel mischen, dann auf die Arbeitsfläche geben. Butter, Ei und Rum darauf verteilen und alles flott zu einem glatten Teig verkneten. In Frischhaltefolie gewickelt 1 Std. kühl stellen.

**2.** Backofen auf 180 °C vorheizen. Zwei Backbleche mit Backpapier auslegen. Teig auf der bemehlten Arbeitsfläche 3–4 mm dünn ausrollen und verschiedene Formen wie z. B. die typischen Halbmonde ausstechen.

**3.** Eigelb und Milch in einer Schale verquirlen. Die Muskazinnerl auf die vorbereiteten Backbleche geben, mit Dottermilch bestreichen und mit Mandeln belegen. Die Kekse im vorgeheizten Backofen (2. Schiene von unten) nacheinander in etwa 10 Min. hellbraun backen.

# Mailänderli

## WEIHNACHTSGUETZLI AUS DER SCHWEIZ

### Zutaten

*für ca. 100 Stück*
*benötigte Zeit: 1 Std. 15 Min. Zubereitung, 1 Std. Kühlen, 10 Min. Backen*

*1 Bio-Zitrone*
*180g zimmerwarme Butter*
*160g Feinkristall-Zucker*
*1–2 TL Bourbon-Vanillezucker*
*Salz*
*2 Eier (M)*
*350g Weizenmehl (Type 405)*

***Außerdem:***
*Mehl zum Arbeiten*
*2 Eigelb*
*2 EL Milch*

**1.** Zitrone heiß waschen, abtrocknen und die Schale fein abreiben. Den Saft auspressen. Die zimmerwarme Butter in einer tiefen Rührschüssel mit dem Handrührgerät weiß-schaumig rühren. Zitronenschale, Zucker, Vanillezucker und 1 Prise Salz mit den Eiern hinzufügen und alles zu einer luftigen Creme aufschlagen.

**2.** Das Mehl über die Buttercreme sieben und mit der Creme zu einem lockeren Teig verarbeiten. Den Teig in Frischhaltefolie wickeln und 1 Std. kühl stellen.

**3.** Zwei Backbleche mit Backpapier auslegen. Den Teig auf der leicht bemehlten Arbeitsfläche 5–8 mm dünn ausrollen und 3–4 cm große Formen ausstechen. Diese auf die vorbereiteten Backbleche setzen.

**4.** Eigelbe mit der Milch verquirlen. Die Kekse mit der Dottermilch bestreichen und etwa 15 Min. trocknen lassen. Backofen auf 180 °C vorheizen. Die Kekse ein zweites Mal dünn bestreichen und im Ofen (Mitte) portionsweise in 10–12 Min. goldgelb backen.

# Brunsli

## BASLER SCHOKOGEBÄCK

### Zutaten

*für ca. 80 Stück; benötigte Zeit: 30 Min. Zubereitung, 1 Std. Kühlen, 16 Std. Trocknen, 4 Min. Backen*

*130g Zartbitterschokolade (70% Kakao)*
*220g gemahlene Mandeln*
*1 EL Kakaopulver*
*1 Prise Zimtpulver*
*½ TL abgeriebene Bio-Orangenschale*
*160g Feinkristall-Zucker*
*2 EL Weizenmehl (Type 405)*
*2 Eiweiß (M)*
*2 EL Kirschwasser (nach Belieben)*

***Außerdem:***
*feiner Zucker zum Arbeiten und Bestreuen*

**1.** Zartbitterschokolade fein reiben. Schokoraspel, Mandeln, Kakao, Zimt und Orangenschale in einer Schüssel vermischen. Zucker, Mehl, Eiweiße und nach Belieben das Kirschwasser hinzufügen und alles vollständig miteinander vermengen. Den Teig mit Frischhaltefolie bedecken und 1 Std. in den Kühlschrank stellen.

**2.** Die Arbeitsfläche gleichmäßig mit Zucker bestreuen und den Teig darauf 6–8 mm dick ausrollen. Die Oberfläche dünn mit Zucker bestreuen, dann 3–5 cm große Formen ausstechen. Die Kekse auf mehrere Bogen Backpapier verteilen und 15–16 Std. (über Nacht) bei Raumtemperatur trocknen lassen.

**3.** Am nächsten Tag den Backofen auf 190 °C Umluft vorheizen. Die Kekse portionsweise auf ein Backblech geben und im heißen Ofen (Mitte) ca. 7 Min. backen.

**4.** Fertig gebackene Brunsli herausnehmen und auf einem Kuchengitter komplett auskühlen lassen. Nach dem Abkühlen sollten sie in der Mitte noch leicht feucht sein.

# Chräbeli

MIT ANIS

## Zutaten

*für ca. 40 Stück*
*benötigte Zeit: 40 Min. Zubereitung, 20 Std. Trocknen, 22 Min. Backen*

*2 Eier (M)*
*220 g Puderzucker*
*1 Prise Salz*
*1 EL Kirschwasser (nach Belieben)*
*250 g Weizenmehl (Type 405)*
*1–2 EL Anissamen*

***Außerdem:***
*Mehl zum Arbeiten*
*Sonnenblumenöl zum Fetten des Backblechs*

**1.** Eier, Puderzucker, Salz und nach Belieben Kirschwasser mit den Rührbesen des Handrührgeräts 5–6 Min. lang zu einer luftig-schaumigen Creme rühren. Das Mehl über die Creme sieben, die Anissamen zufügen und alles zu einem homogenen Teig verarbeiten.

**2.** Den Teig auf die bemehlte Arbeitsfläche geben und zu mehreren ca. 1,5 cm dicken Strängen formen. Die Teigstränge in 5–6 cm lange Stücke schneiden, diese jeweils leicht einbiegen und an der äußeren Rundung 3- bis 4-mal bis zur Hälfte einschneiden.

**3.** Zwei Backbleche dünn mit Öl einreiben, die Anisbögen mit etwas Abstand zueinander darauf verteilen, mit einem trockenen Küchentuch bedecken und 15–20 Std. bei Raumtemperatur trocknen lassen.

**4.** Am nächsten Tag Backofen auf 140 °C vorheizen. Die Chräbeli im Ofen (2. Schiene von unten) nacheinander 20–22 Min. backen, dabei die Ofentüre 2- bis 3-mal kurz öffnen, damit Feuchtigkeit entweichen kann.

# Hirschknöpfe

MIT MARZIPAN

## Zutaten

*für ca. 100 Stück*
*benötigte Zeit: 30 Min. Zubereitung, 1 Std. Kühlen, 10 Min. Backen*

*70 g Marzipanrohmasse*
*200 g zimmerwarme Butter*
*½ Vanilleschote*
*80 g Puderzucker*
*1 Prise Salz*
*250 g Weizenmehl (Type 405)*

***Außerdem:***
*80 g gemahlene Mandeln*
*60 g brauner Zucker*
*¼ TL Zimtpulver*
*2 Eigelb zum Bestreichen*

**1.** Marzipan würfeln, in eine Rührschüssel geben und mit 50 g zimmerwarmer Butter zu einer cremigen Masse verkneten. Vanilleschote längs halbieren und das Mark herausschaben. Restliche Butter, Puderzucker, Salz und Vanillemark zur Marzipanmasse geben und mit dem Handrührgerät unterrühren, dann das Mehl unterkneten.

**2.** Teig auf der unbemehlten Arbeitsfläche zu vier Rollen von ca. 20 cm Länge formen und 10–15 Min. kühlen, dann gleichmäßig runden und erneut 30 Min. kühlen.

**3.** Mandeln, Zucker und Zimt mischen, auf Backpapier ausstreuen. Eigelbe verquirlen, die Teigrollen damit bestreichen und in der Mandelmischung wälzen, bis sie vollständig bedeckt sind. Nochmals 10–15 Min. kühlen.

**4.** Den Backofen auf 175 °C vorheizen. Zwei Backbleche mit Backpapier auslegen. Die Teigrollen in ca. 4 mm dicke Scheiben (Knöpfe) schneiden, diese auf den vorbereiteten Blechen verteilen und im Ofen (Mitte) portionsweise in 8–10 Min. goldbraun backen.

# Basler Leckerli

MIT HONIG

**Zutaten**

*für ca. 60 Stück*
*benötigte Zeit: 40 Min. Zubereitung, 12 + 1 Std. Ruhen, 20 Min. Backen*

*380 g Honig*
*220 g Feinkristall-Zucker*
*je 80 g Haselnusskerne und Mandeln*
*2–3 EL Lebkuchengewürz*
*80 g Orangeat*
*60 g Zitronat*
*1 EL Kirschwasser (nach Belieben)*
*530 g Weizenmehl (Type 405)*
*2 TL Backpulver*

***Außerdem:***
*150 g Puderzucker*
*1–2 EL Kirschwasser oder Zitronensaft*

**1.** Honig und Zucker in einem Topf erhitzen und so lange rühren, bis sich der Zucker vollständig gelöst hat. Haselnusskerne und Mandeln fein mahlen und mit Lebkuchengewürz, Orangeat, Zitronat und nach Belieben Kirschwasser unter die Honigmasse mengen.

**2.** Mehl und Backpulver in einer Rührschüssel mischen, die Honigmasse hinzufügen und alles zu einem glatten Teig verkneten. Lebkuchenteig mit Frischhaltefolie abdecken und ca. 12 Std. bei Raumtemperatur reifen lassen.

**3.** Ein Backblech mit Backpapier auslegen. Den Teig rechteckig (42 × 32 cm) und 5–6 mm dick ausrollen, auf das vorbereitete Blech geben und 1 Std. ruhen lassen.

**4.** Backofen auf 175 °C vorheizen. Lebkuchen im Ofen (Mitte) 15–20 Min. backen, noch warm vom Blech ziehen und in 4 × 5 cm große Stücke schneiden.

**5.** Zutaten für die Glasur verrühren, die Leckerli mit einem breiten Backpinsel glasieren und trocknen lassen.

# Pfeffernüsse

MIT VIELEN GEWÜRZEN

**Zutaten**

*für 50–60 Stück*
*benötigte Zeit: 1 Std. Zubereitung, 12 Std. Ruhen, 15 Min. Backen*

*½ Bio-Orange*
*80 g Orangeat*
*400 g feiner Rohrzucker*
*4 Eier (M)*
*je ¼ TL gemahlener schwarzer Pfeffer, Ingwer, Kardamom und Piment*
*1 Prise frisch geriebene Muskatnuss*
*1 TL Hirschhornsalz*
*500 g Vollkorn-Weizenmehl*

***Außerdem:***
*80 g Puderzucker*
*1 EL Zwetschgenschnaps*

**1.** Orange heiß waschen, abtrocknen und die Schale fein abreiben. Den Saft auspressen. Orangenschale mit Orangeat und 1 EL vom Rohrzucker sehr fein hacken.

**2.** Übrigen Rohrzucker mit Eiern und Gewürzen cremig-schaumig aufschlagen. Das Hirschhornsalz in 2 EL Orangensaft auflösen und mit dem Orangeat-Mix in die Creme rühren. Zuletzt das Mehl zugeben und alles zu einem klebrigen Teig verarbeiten. Mit einem feuchten Tuch bedeckt etwa 12 Std. in den Kühlschrank stellen.

**3.** Den Backofen auf 200 °C Umluft vorheizen. Zwei Backbleche mit Backpapier auslegen. Aus dem Teig Kugeln mit 2–3 cm Ø formen und in ca. 5 cm Abstand auf das Blech setzen. Ofentemperatur auf 150 °C senken und die Pfeffernüsse 12–15 Min. backen.

**4.** Für die Glasur Puderzucker, 1 EL Orangensaft und nach Belieben Zwetschgenschnaps glatt rühren und auf die noch heißen Pfeffernüsse pinseln. Diese danach auf einem Kuchengitter vollständig auskühlen lassen.

# Steirer Kekse

## MIT GEMAHLENEN KÜRBISKERNEN

### Zutaten

*für ca. 70 Stück*
*benötigte Zeit: 1 Std. 30 Min. Zubereitung, 1 Std. Kühlen, 9 Min. Backen*

***Für den Teig:***
*½ Bio-Zitrone*
*140 g Kürbiskerne*
*180 g Weizenmehl (Type 405)*
*80 g Puderzucker*
*1 Prise Salz*
*160 g kalte Butter*
*2 Eier (M)*

***Für die Glasur:***
*140 g Puderzucker*
*20 g Kakaopulver*
*1 TL Rum (ersatzweise Zitronensaft)*

***Außerdem:***
*Mehl zum Arbeiten*
*150 g Konfitüre (z. B. Johannisbeere, Erdbeere, Aprikose oder Brombeere)*

**1.** Für den Teig die Zitrone heiß waschen, abtrocknen und die Schale fein abreiben. Kürbiskerne fein mahlen.

**2.** Mehl, Puderzucker, Zitronenschale, gemahlene Kürbiskerne und Salz in einer Schüssel vermischen und auf die Arbeitsfläche geben. Die eiskalte Butter würfeln, die Eier trennen und die Eiweiße beiseitestellen. Eigelbe und Butterwürfel auf die Mehlmischung geben.

**3.** Die Zutaten mit einer Teigkarte oder einem großen Messer verhacken. Dann mit den Fingern rasch zu Krümeln zerreiben und möglichst flott zu einem glatten Teig verkneten. Den Teig in Frischhaltefolie wickeln und mindestens 1 Std. im Kühlschrank ruhen lassen.

**4.** Den Backofen auf 180 °C vorheizen. Zwei Backbleche mit Backpapier auslegen.

**5.** Am Ende der Rastzeit den Teig auf der bemehlten Arbeitsfläche 2–3 mm dick ausrollen. Aus dem Teig runde Kekse mit ca. 4 cm Ø ausstechen. Aus der Hälfte der Kekse ein Loch mit 1,5–2 cm Ø ausstanzen.

**6.** Kekse auf den vorbereiteten Backblechen verteilen und im Ofen (Mitte) portionsweise in 8–9 Min. hellbraun backen. Danach herausnehmen und abkühlen lassen.

**7.** Für die Glasur Puderzucker und Kakao in eine Schüssel sieben und mit den beiseitegestellten Eiweißen

sowie dem Rum oder Zitronensaft glatt rühren. Die Kekse mit Loch (Keksringe) mit Glasur bestreichen oder in die Glasur tauchen. Anschließend auf Backpapier auslegen und trocknen lassen. Die Kekse ohne Loch (Keksböden) unglasiert lassen.

**8.** Für die Füllung die Konfitüre in einem kleinen Topf kurz aufkochen und danach durch ein feines Sieb streichen. Auf die Keksböden je 1 TL heiße Konfitüre geben und die glasierten Keksringe aufsetzen.

**9.** Die Steirer Kekse vollständig trocknen lassen. Dann in mehreren durch Butterbrotpapier getrennten Lagen in eine Blechdose schichten und kühl aufbewahren.

### GUT ZU WISSEN

Ein sonnenreiches Klima und die richtige Bodenbeschaffenheit machen die Steiermark zum idealen Anbaugebiet für den **Ölkürbis**. Seit mehr als 100 Jahren wird aus den schalenlosen Kernen des Steirischen Ölkürbis (*Cucurbita pepo* var. *Styriaca*) tiefgrünes Kürbiskernöl gewonnen.

# Tiroler Christstollen

LANGE HALTBAR

**Zutaten**

*für 1 Stollen à 20–25 Stück*
*benötigte Zeit: 55 Min. Zubereitung, 30 Min. Tiefkühlen, 2 Std. 5 Min. Gehen, 1 Std. Backen*

*80 g Marzipanrohmasse*
*40 g Puderzucker*
*2 TL Rum (nach Belieben)*
*30 g Rosinen*
*80 g Haselnusskerne*
*40 g Orangeat*
*40 g Zitronat*
*150 ml Milch*
*30 g frische Hefe*
*500 g Weizenmehl (Type 405)*
*50 g Feinkristall-Zucker*
*½ TL Zimtpulver*
*1 Prise gemahlene Nelken*
*1 Prise Salz*
*1 EL Bourbon-Vanillezucker*
*250 g zimmerwarme Butter*

***Außerdem:***

*Puderzucker für die Arbeitsfläche*
*50 g Butter zum Bestreichen*
*60 g Puderzucker zum Bestäuben*

**1.** Marzipan, Puderzucker und nach Belieben 1 TL Rum verkneten, auf der mit Puderzucker bestäubten Arbeitsfläche 1 cm dünn ausrollen und 1 cm groß würfeln. Die Würfel 30 Min. tiefkühlen. Rosinen im übrigen Rum und 2 EL Wasser oder nur in Wasser ca. 30 Min. einweichen. Haselnüsse grob, Orangeat und Zitronat fein hacken.

**2.** Die Milch handwarm erwärmen, in eine Schale geben und die Hefe darin auflösen. 50 g Mehl und 10 g Zucker unterrühren. Den Vorteig mit Frischhaltefolie abdecken und an einem warmen Ort ca. 20 Min. gehen lassen.

**3.** Das restliche Mehl in eine Schüssel sieben und mit Zimt, Nelkenpulver, Salz, Vanillezucker und restlichem Zucker vermischen. Zimmerwarme Butter in Würfeln und den Vorteig zur Mehlmischung geben und alles 12–15 Min. zu einem geschmeidigen Teig verkneten.

**4.** Eiskalte Marzipanwürfel, eingeweichte Rosinen, gehackte Nüsse sowie Orangeat und Zitronat unter den Teig kneten. Den Teig auf einem Küchenbrett zu einem länglichen Laib formen (1) und abgedeckt an einem warmen Ort etwa 45 Min. gehen lassen.

**5.** Anschließend den Teig auf die Arbeitsfläche geben. Für die typische Stollenform den Teig mit dem Nudelholz oder der Handkante längs eindrücken (2), zu einer Seite hin flach ausrollen (3), dann das flache Stück zur Mitte klappen und festdrücken (4).

**6.** Ein Backblech mit Backpapier auslegen, den Stollen daraufgeben, mit einem trockenen Tuch bedecken und ca. 1 Std. gehen lassen. Etwa 30 Min. vor Ende der Gehzeit den Backofen auf 180 °C vorheizen.

**7.** Den Stollen im vorgeheizten Ofen (Mitte) etwa 1 Std. backen. Die Butter in einem kleinen Topf zerlassen. Den fertigen Stollen aus dem Ofen nehmen und noch heiß mit der flüssigen Butter bestreichen. Anschließend dick mit Puderzucker bestreuen und auskühlen lassen.

**8.** Den abgekühlten Stollen zuerst in Butterbrotpapier, dann in ein Küchentuch wickeln und an einem kühlen, trockenen Ort mindestens 2 Wochen reifen lassen.

# Vorarlberger Birabrot

MIT ALKOHOL

## Zutaten

*für 2 Brote à 15 Stück*
*benötigte Zeit: 1 Std. 50 Min. Zubereitung, 16 Std. Reifen, 30 Min. Gehen, 1 Std. 10 Min. Backen*

***Für die Füllung:***
*400 g getrocknete Birnen (Kletzen)*
*180 g getrocknete Feigen*
*100 g getrocknete Aprikosen*
*50 g Sultaninen*
*1 Bio-Orange*
*50 ml Rum*
*30 ml Birnenschnaps*
*70 g Feinkristall-Zucker*
*½ TL Zimtpulver*
*½ TL gemahlener Anis*
*½ TL gemahlener Koriander*
*1 Prise gemahlene Nelken*
*1 Prise weißer Pfeffer*

***Für den Brotteig:***
*5 g frische Hefe*
*300 g Weizenmehl (Type 550), ersatzweise Dinkelmehl (Type 630)*
*180 g Roggenmehl (Type 997)*
*10 g Salz*

***Außerdem:***
*60 g Walnusskerne*
*60 g Haselnusskerne*
*1 Ei (M)*
*3 EL starker Kaffee*
*1 Holzspieß oder Zahnstocher*

**1.** Kletzen in einem Topf mit Wasser bedecken, dieses aufkochen und die Birnen in ca. 1 Std. im kochenden Sud weich garen. Anschließend aus dem Sud nehmen und ausdampfen lassen. Den Sud aufbewahren.

**2.** Weich gekochte Birnen mit den getrockneten Feigen und Aprikosen in ca. 1 cm große Stücke schneiden und in eine Schüssel geben. Die Sultaninen hinzufügen.

**3.** Orange heiß waschen, abtrocknen und die Schale fein abreiben. Schale mit 100 ml Kletzensud, Rum und Schnaps zum Trockenobst geben. Zucker und Gewürze hinzufügen und sämtliche Zutaten gründlich miteinander vermengen. Die Kletzenfüllung zugedeckt 15–16 Std. an einem kühlen Ort ziehen lassen.

**4.** Für den Brotteig die Hefe in 3 EL Kletzenwasser auflösen. In einer Schüssel beide Mehle und das Salz vermischen, dann das Hefewasser zugeben und alles ca. 10 Min. gründlich verkneten. Den Teig mit einem feuchten Tuch bedecken und 15–16 Std. reifen lassen.

**5.** Am nächsten Tag vom Hefeteig etwa 280 g abnehmen und zur Kletzenfüllung geben. Die Nüsse im Ganzen hinzufügen und alles gründlich verkneten. Aus der Kletzenfüllung zwei etwa gleich große Laibe formen.

**6.** Den restlichen Teig auf der leicht bemehlten Arbeitsfläche zu einem Rechteck (30 × 20 cm) mit 5 mm Dicke ausrollen. Den Teig mit einem trockenen Küchentuch bedecken und 30 Min. ruhen lassen. Inzwischen den Backofen auf 160 °C Umluft vorheizen.

**7.** Ein Backblech mit Backpapier auslegen. Den Teig zu zwei Rechtecken (15 × 20 cm) halbieren, die Kletzenlaibe in jeweils ein Teigstück einschlagen und mit der Naht nach unten auf das vorbereitete Backblech setzen.

**8.** In einer kleinen Schale das Ei mit dem Kaffee verquirlen. Mit dem Holzspieß oder Zahnstocher zahlreiche kleine Löcher in die Teighüllen stechen und diese mit dem Ei-Kaffee-Mix bestreichen. Die Birabrote im vorgeheizten Ofen (Mitte) 60–70 Min. backen.

# Brot und Kleingebäck

Ob Sonntagsfrühstück, Brettljause oder ein schneller Imbiss zwischendurch – mit Mohnflösserln, Vinschger Paarlen, Brezen, Salzstangerln und Pfennigmuckerln wird immer etwas Besonderes daraus. Und wenn es aus dem Ofen nach Almbrot, Kestn-Fochaz oder Erdäpfelbrot duftet, lässt sich die Brotzeit kaum erwarten ...

# Grundrezept Sauerteig

EINFACH MAL AUSPROBIEREN!

## Zutaten

*für 400 g Sauerteig*
*benötigte Zeit: 5 Tage*

***Für den Teig:***
*200 g Mehl (siehe Tipps & Tricks)*

***Außerdem:***
*1 Schraubglas oder Einmachglas mit Gummiring (à 750 ml)*

TIPP

**Rechenbeispiel**
Für das Lesachtaler Bauernbrot (siehe Seite 166) brauchen Sie 1055 g Sauerteig. Möchten Sie frischen Sauerteig verwenden, setzen Sie 1200 g Sauerteig an und nutzen den Rest als Anstellgut.

**1.** Am 1. Tag 50 g lauwarmes Wasser und 50 g Mehl in das Glas geben und gut miteinander verrühren. Das Glas nicht vollständig verschließen, sondern den Deckel nur auflegen, damit ein leichter Gasaustausch möglich ist. Den Ansatz 24 Std. bei 26–30 °C stehen lassen.

**2.** Am 2. Tag weitere 50 g lauwarmes Wasser und 50 g Mehl zum Anstellgut geben, gut unterrühren und den Ansatz wiederum bei nicht vollständig verschlossenem Glas 24 Std. bei 26–30 °C stehen lassen.

**3.** Am 3. Tag hat der Teig bereits an Volumen gewonnen und zeigt die ersten Bläschen. Nochmals 50 g lauwarmes Wasser und 50 g Mehl hinzufügen, gut unterrühren und erneut 24 Std. bei 26–30 °C stehen lassen.

**4.** Am 4. Tag hat der Teig deutlich mehr Volumen, ist mit zahlreichen Bläschen durchsetzt und weist seinen typischen säuerlichen und aromareichen Geruch auf. Nun ein letztes Mal 50 g Mehl unterrühren und den Ansatz weitere 24 Std. bei 26–30 °C stehen lassen.

**5.** Am 5. Tag ist der Sauerteig fertig und Sie können mit dem Backen beginnen. Falls Sie nicht gleich dazukommen, das Glas fest verschließen und kühl aufbewahren. Der Teig ist als Anstellgut ca. 10 Tage haltbar.

## Tipps & Tricks

- Ideale Mehlsorten für den Sauerteig-Ansatz sind Weizenmehl (Type 1050 und 1600), Dinkelmehl (Type 1050) oder Roggenmehl (Type 1150 und 1370). Die Vollkornvarianten dieser Mehlsorten eignen sich ebenso (Vollkorn-Sauerteig). Einfach ausprobieren!
- Die Gesamtmenge des Sauerteiges vorab dem gewünschten Rezept anpassen (siehe Tipp). Wichtig: Entscheidend für das Gelingen des Ansatzes ist das gleichbleibende Verhältnis von Mehl und Wasser.

## Anstellgut pflegen & füttern

- Dem backfertigen Sauerteig etwa 100 g entnehmen.
- Den Teig in ein sauberes Glas (à 350–500 ml Inhalt) geben, gut verschließen und gekühlt aufbewahren. Das Anstellgut ist im Idealfall 10–12 Tage verwendbar.
- Um das Anstellgut am Leben zu erhalten, nach spätestens 10–12 Tagen füttern. Hierzu 10–20 g vom Ansatz entnehmen, mit 100 g lauwarmem Wasser und 100 g Mehl (die gleiche Sorte wie im Anstellgut) in ein frisches Glas geben und alles gut verrühren.
- Das Glas nicht vollständig verschließen, sondern den Deckel nur auflegen. Den Ansatz 6–8 Std. bei 26–30 °C stehen lassen. Der Teig sollte sich verdoppeln und eine deutliche Bläschenbildung zeigen.
- Nun das Glas fest schließen und gekühlt aufbewahren.

# Vom Backen mit Sauerteig

**Ohne den Sauerteig gäbe es kein Bauernbrot. Denn er sorgt nicht nur für den typischen Geschmack von herzhaftem Roggengebäck. Die Enzyme machen den Roggen überhaupt erst backfähig.**

Sauerteig hat sich in den letzten Jahren von einem kapriziösen Geschöpf aus fachkundigen Backstuben zu einer selbstverständlichen Zutat für experimentierfreudige Hobby-Bäckerinnen und -Bäcker gemausert. Als Anstellgut wird er liebevoll gepflegt und gefüttert, mit einem Namen versehen und bekommt einen angestammten Platz im Kühlschrank. Jeder selbst hergestellte Sauerteig entwickelt ein Eigenleben, sorgt für so manche Überraschung und bleibt eine neckische Herausforderung in einer von Perfektionismus getriebenen Welt. Und ist vielleicht deshalb so beliebt.

## WAS IST SAUERTEIG?

Sauerteig ist tatsächlich sauer. Beim Ansetzen des Teiges wird Mehl und Wasser zur Gärung gebracht. Dabei entsteht ein aktiver Organismus aus Milchsäurebakterien und Hefen. Durch anschließende Zugabe von Mehl und Wasser in mehreren Phasen erhalten die Mikroorganismen ausreichend Nahrung, die sie verstoffwechseln (fermentieren) können. Dabei bilden sie fortwährend Säuren, welche dem Teig seinen Charakter verleihen. Zusätzlich entsteht Kohlenstoffdioxid, das notwendige Triebmittel, damit der Teig luftig aufgeht.
Roggenmehl braucht genau diese Säuren, um überhaupt backfähig zu sein. Weizen- und Dinkelmehle haben dank Gluten ihren eigenen Klebstoff, der das Wasser im Teig bindet. Durch das Backen bildet sich ein Klebergerüst, das für eine stabile Krume sorgt.
Roggenmehl hat diese Backeigenschaften nicht. Es enthält weniger Klebereiweiß und Stärke, dafür deutlich mehr Schleimstoffe und stärkeabbauende Enzyme. Aufgrund der Schleimstoffe können die Eiweiße kein Gerüst bilden. Sauerteig macht Roggenmehl backfähig, da er die stärkeabbauenden Enzyme hemmt und so das Wasser besser gebunden werden kann.
Das Anstellgut (siehe Seite 158) wird üblicherweise aus Weizen-, Roggen- oder Dinkelmehl hergestellt. Sauerteig selbst verfügt über viele gute Eigenschaften:

- Er ist besser verdaulich und gesünder als Hefeteig.
- Sauerteig sorgt für ein wunderbar säuerliches Aroma wie auch für eine feuchte und elastische Krume.
- Brote aus Sauerteig bleiben länger frisch.
- Zusätzlich schützt Sauerteig vor Schimmelbildung.
- Mit Sauerteig lassen sich auch aus ungewöhnlichen Zutaten wie Hafer, Gerste, Einkornmehl, Emmermehl, Rotkornweizenmehl, Hirse, Mais und Buchweizen brotähnliche Backwaren herstellen.

*»Der Sauerteig ist die Seele des Brotes, er erfüllt es mit Leben und verleiht ihm einen individuellen Charakter.«*

## SO GELINGT ES SICHER

Sauerteig braucht Wärme, und das zu gewährleisten ist nicht ganz leicht. Eine möglichst gleichbleibende Temperatur von 26–30 °C ist das Ziel. Warm geführte Sauerteige sind milder und vollmundiger im Geschmack und besser zu kontrollieren. Im Gegensatz dazu sind unter 25 °C geführte Sauerteige säurebetont, schmecken herb und können schnell übersäuern.

## DAS ANSTELLGUT

Da die Herstellung von Sauerteig viel Zeit in Anspruch nimmt, macht es Sinn, einem Teil des Teiges das Leben zu verlängern und diesen als Anstellgut zu hegen und zu pflegen (siehe Seite 158 ff.), bis das nächste Brot gebacken wird. Außerdem verbessern sich durch das weitere Reifen die Qualität und die Aromen des Sauerteigs. Das Anstellgut aus dem ersten Ansatz sollte idealerweise zum baldigen Brotbacken verwendet werden.

Eine andere Möglichkeit ist jedoch, das übrig gebliebene Anstellgut zu trocknen. Dazu streicht man den Teig dünn auf große, flache Teller und stellt diese ohne Abdeckung für drei bis vier Tage an einen dunklen, trockenen und zimmerwarmen Ort, bis der Teig vollständig getrocknet ist. Anschließend werden die staubtrockenen Teigplatten in Stücken von den Tellern gelöst und in der Nussmühle vermahlen. Das Pulver ist dann gut verschlossen und vor Feuchtigkeit geschützt in Gläsern aufzubewahren. Sauerteigpulver hat seine Triebkraft verloren, kann aber wunderbar zum Aromatisieren und Säuern von Hefeteigen verwendet werden. Meist genügen schon ein bis zwei Esslöffel Pulver für ein »gschmackiges« Ergebnis!

Suchen Sie darum den wärmsten Ort in Ihrem Zuhause und messen Sie dort die Temperatur; vielleicht genügt das bereits. Im Winter eignet sich die Nähe einer Heizung oder des Ofens. Im Sommer kann es ein sonniger Raum sein. Allerdings sollte man den Teig vor direktem Lichteinfall schützen. Das Badezimmer ist oft der wärmste Ort im Haus und wird auch in der Nacht gerne beheizt. Geeignet ist auch ein Backofen mit wärmegebender Beleuchtung (keine LED): Sauerteig in den Ofen stellen, das Licht im Backofen einschalten und – wenn notwendig – die Ofentüre einen kleinen Spalt öffnen.

Eine weitere gute Methode besteht darin, den Ansatz und mehrere mit warmem Wasser befüllte Flaschen in eine Isolierbox (»Kühlbox«) zu stellen. Dann das Wasser in den Flaschen so oft wie möglich erwärmen, um die Temperatur weitgehend konstant zu halten, und diese Box an einen warmen Ort stellen.

Verwenden Sie für den Ansatz ein Schraub- oder Einmachglas, dann können Sie den fertig gereiften Sauerteig sofort verschließen und kühl stellen. Der Rand des Glases darf nicht mit Teig verschmiert sein, da sich sonst leichter Schimmel bildet und der Teig verdirbt.

# Almbrot

MIT ROGGENSCHROT

## Zutaten

*für 1 großen Laib Brot*

*benötigte Zeit: 16 Std. Reifen, 30 Min. Zubereitung, 1 Std. 30 Min. Gehen, 1 Std. Backen*

***Für den Sauerteig:***

*200g Vollkorn-Roggenmehl*

*5g feines Steinsalz*

*45g Anstellgut (siehe Seite 158)*

***Für das Brühstück:***

*80g Roggenschrot (fein)*

*10g feines Steinsalz*

***Für den Hauptteig:***

*380g Roggenmehl (Type 1150)*

*10g Brotgewürz*

***Außerdem:***

*Roggenmehl zum Arbeiten*

*1 Gärkörbchen (24cm Ø)*

*optional 1 Brotbackstein*

**1.** Für den Sauerteig das Mehl und das Steinsalz in einem großen gläsernen Gefäß vermischen. Dann das Anstellgut und 200 ml warmes Wasser unterrühren und den Vorteig bei Raumtemperatur und locker aufgelegtem Deckel 14–16 Std. reifen lassen.

**2.** Für das Brühstück Roggenschrot und Salz in eine Schüssel geben, mit 250 ml kochendem Wasser übergießen, mit einem Stück Backpapier bedecken und bei Raumtemperatur 14–16 Std. quellen lassen.

**3.** Am nächsten Tag für den Hauptteig das Brühstück in eine Rührschüssel geben und mit 100 ml sehr heißem Wasser verrühren. Roggenmehl, Brotgewürz und Vorteig hinzufügen und alles mit den Knethaken des Handrührgeräts bei moderater Geschwindigkeit 7–8 Min. kneten. Den Teig 30 Min. bei Raumtemperatur ruhen lassen.

**4.** Den Hauptteig auf eine mit Roggenmehl bestäubte Arbeitsfläche stürzen und zu einem runden Laib formen. Hierzu den Teig mit bemehlten Händen oder einer Teigkarte kreisförmig an der äußeren Kante aufnehmen und zur Mitte hin falten (1), bis eine runde, bauchige Form entsteht (2). Die Nahtstelle, die durch das Rundwirken des Teiges entsteht, bezeichnet man als »Schluss« (3).

**5.** Das Gärkörbchen mit Roggenmehl ausstäuben und den Brotlaib mit dem Schluss nach unten hineingeben (4). Mit einem trockenen Tuch bedecken und mindestens 1 Std. bei Raumtemperatur gehen lassen.

**6.** Etwa 30 Min. vor Ende der Gehzeit den Backstein oder ein Backblech in den Backofen (Mitte) schieben. Eine kleine Auflaufform etwa 1 cm hoch mit Wasser befüllen und auf den Boden des Backofens stellen. Den Backofen auf 250 °C Umluft vorheizen.

**7.** Den Brotlaib auf einen Brotschieber oder ein Küchenbrett stürzen und damit auf den Brotbackstein bzw. das heiße Blech geben. Nach 10 Min. Backzeit die Temperatur auf 220 °C senken und weitere 30 Min. backen. Danach die Temperatur auf 200 °C reduzieren und das Brot in 15–20 Min. fertig backen.

**8.** Das Roggenbrot aus dem Backofen nehmen. Auf einem Kuchengitter auskühlen und mit einem trockenen Leinentuch bedeckt einen Tag nachreifen lassen.

# Oberinntaler Erdäpfelbrot

BESONDERS SAFTIG

## Zutaten

*für 1 großen Laib Brot*
*benötigte Zeit: 1 Std. Zubereitung, 1 Std. 30 Min. Gehen, 55 Min. Backen*

***Für den Teig:***
*200 g mehligkochende Kartoffeln*
*20 g frische Hefe*
*400 g Weizenmehl (Type 550), ersatzweise Dinkelmehl (Type 630)*
*200 g Wiener Grießler*
*10 g feines Steinsalz*

***Außerdem:***
*Wiener Grießler zum Arbeiten*
*1 Gärkörbchen (24 cm Ø)*
*optional 1 Brotbackstein*

**VARIANTE**

Aus dem Teig können Sie auch kleine Erdäpfel-Milchbrötchen machen, indem Sie Milch statt Wasser verwenden und statt 1 Laib Brot nach Belieben 4–6 kleine Brötchen formen. Den Ofen samt Backblech auf 240 °C vorheizen. Dann die Temperatur auf 210 °C reduzieren und die Brötchen im Ofen in 18–20 Min. goldbraun backen.

**1.** Die Kartoffeln gründlich waschen, in einem Topf mit Wasser bedecken, dieses zum Kochen bringen und die Kartoffeln darin in ca. 30 Min. weich garen. Am Ende der Garzeit abgießen und ausdampfen lassen. Dann pellen und durch eine Kartoffelpresse drücken.

**2.** Die Hefe in einer kleinen Schüssel mit 100 ml handwarmem Wasser und 3 EL vom Weizenmehl verrühren. Mit Frischhaltefolie abgedeckt ca. 15 Min. reifen lassen.

**3.** Beide Mehle und das Salz in einer Rührschüssel sorgfältig vermischen. Hefewasser und Kartoffeln zügig untermengen. Den Teig auf die Arbeitsfläche stürzen und 12–15 Min. falten und kneten, bis er sich von der Arbeitsfläche löst. Dabei kein Mehl mehr zufügen. Mit einem feuchten Tuch bedecken und 1 Std. gehen lassen.

**4.** Das Gärkörbchen mit Wiener Grießler ausstäuben. Den Teig aus der Schüssel auf die leicht bemehlte Arbeitsfläche stürzen, kurz verkneten und rundwirken. Hierzu den Teig mit bemehlten Händen kreisförmig an der äußeren Kante aufnehmen und zur Mitte hin falten, bis eine runde Form entsteht (siehe Seite 163). Den Laib mit dem Schluss nach unten in den Gärkorb legen. An einem warmen Ort (25 °C) 30 Min. gehen lassen.

**5.** Inzwischen den Backstein oder ein Backblech in den Backofen (Mitte) schieben. Eine kleine Auflaufform etwa 1 cm hoch mit Wasser befüllen und auf den Boden des Backofens stellen. Ofen auf 240 °C Umluft vorheizen.

**6.** Den Brotbackstein oder das heiße Backblech mit Mehl bestäuben. Den Brotlaib aus dem Korb auf einen Brotschieber oder ein Küchenbrett stürzen und damit auf den Backstein bzw. das Blech geben.

**7.** Das Erdäpfelbrot 10 Min. backen, dann die Temperatur auf 200 °C senken und das Brot in 40–45 Min. fertig backen. Etwa einen Tag auf einem Kuchengitter mit einem trockenen Küchentuch bedeckt rasten lassen.

# Lesachtaler Bauernbrot

MIT KERNIGEM BISS

## Zutaten

*für 1 großen Laib*
*benötigte Zeit: 16 Std. Reifen, 30 Min. Ziehen, 1 Std. Zubereitung, 1 Std. Gehen, 1 Std. 20 Min. Backen*

***Für den Roggensauerteig:***
*480 g Roggenmehl (Type 997)*
*10 g feines Steinsalz*
*95 g Anstellgut (siehe Seite 158)*

***Für das Quellstück:***
*30 g Kürbiskerne*
*30 g Sonnenblumenkerne*

***Für das Brühstück:***
*60 g dünne Brotscheiben vom Vortag*
*10 g feines Steinsalz*

***Für den Hauptteig:***
*150 g Roggenmehl (Type 997)*
*300 g Vollkorn-Weizenmehl*
*40 g Schwarzroggen (Type 2500), ersatzweise Vollkorn-Roggenmehl*
*10 g Brotgewürz*

***Außerdem:***
*1 Gärkörbchen (24 cm Ø)*
*Mehl zum Arbeiten*
*je 1 EL Kümmel und Anis zum Bestreuen*
*optional 1 Brotbackstein*

**1.** Für den Vorteig das Mehl und das Steinsalz in einer tiefen Schüssel vermischen. Dann das Anstellgut und 480 ml warmes Wasser unterrühren. Die Schüssel mit einem Teller abdecken und den Vorteig bei Raumtemperatur 14–16 Std. reifen lassen.

**2.** Für das Quellstück Kürbis- und Sonnenblumenkerne in einer Schale mit 50 ml handwarmem Wasser übergießen, mit Folie abdecken und 14–16 Std. quellen lassen.

**3.** Für das Brühstück das Altbrot im Backofen bei 180 °C Umluft 8–10 Min. rösten und fein mahlen. Mit dem Steinsalz in eine Schüssel geben, mit 200 ml kochendem Wasser übergießen und alles gut verrühren. Mit Backpapier abdecken und 30 Min. ziehen lassen.

**4.** Für den Hauptteig die Mehle und das Brotgewürz in eine Rührschüssel geben und gut vermischen. Den Vorteig, das Quellstück und das Brühstück hinzufügen und alles mit den Knethaken des Handrührgeräts in etwa 10 Min. zu einem glatten Teig verkneten.

**5.** Gärkorb mit Mehl, Kümmel und Anis ausstreuen. Teig auf die leicht bemehlte Arbeitsfläche stürzen, kurz verkneten und rundwirken. Hierzu den Teig mit bemehlten Händen kreisförmig an der äußeren Kante aufnehmen und zur Mitte hin falten, bis eine runde Form entsteht (siehe Seite 163). Mit dem Schluss nach unten in den Gärkorb legen und abgedeckt ca. 1 Std. gehen lassen.

**6.** Etwa 30 Min. vor Ende der Gehzeit den Backstein oder ein Backblech in den Backofen (Mitte) schieben. Eine kleine Auflaufform etwa 1 cm hoch mit Wasser befüllen und auf den Boden des Backofens stellen. Den Backofen auf 250 °C Umluft vorheizen.

**7.** Den Brotlaib aus dem Korb auf einen Brotschieber oder ein Küchenbrett stürzen und damit auf den Backstein bzw. das Blech geben. Nach 10 Min. Backzeit die Temperatur auf 200 °C senken und weitere 30 Min. backen. Danach das Brot bei 180 °C in 30–40 Min. fertig backen. Auf einem Kuchengitter mit einem trockenen Leinentuch bedeckt einen Tag nachreifen lassen.

# Kestn-Fochaz

KASTANIENBROT

## Zutaten

*für 4 kleine Brote*
*benötigte Zeit: 30 Min. Zubereitung, 2 Std. 30 Min. Gehen, 55 Min. Backen*

***Für den Teig:***
*550 g Weizenmehl (Type 550), ersatzweise Dinkelmehl (Type 630)*
*300 g Roggenmehl (Type 1150)*
*50 g Vollkorn-Roggenmehl*
*250 g Kastanienmehl (aus dem Bioladen)*
*25 g feines Steinsalz*
*20 g frische Hefe*
*1 EL Waldhonig*
*80 g flüssiger Sauerteig (Fertigprodukt)*

***Außerdem:***
*Weizenmehl zum Arbeiten*
*optional 1 Brotbackstein*

**1.** Mehlsorten und Salz in eine Schüssel geben und gut vermischen. Hefe in 50 ml lauwarmem Wasser auflösen, dann mit 650 ml lauwarmem Wasser, Honig und Sauerteig zur Mehlmischung geben und alles gut vermengen.

**2.** Den Teig auf die Arbeitsfläche stürzen und mit den Händen 10–15 Min. kneten, ziehen und falten. Danach wieder in die Schüssel legen, mit einem feuchten Tuch bedecken und 1 Std. 30 Min. gehen lassen.

**3.** Aus dem Teig vier gleiche Portionen abstechen. Diese jeweils kurz in den Händen verkneten und zu runden Laiben formen. Hierzu den Teig mit bemehlten Händen kreisförmig an der äußeren Kante aufnehmen und zur Mitte hin falten, bis eine runde Form entsteht (siehe Seite 163). Anschließend mit dem Schluss nach unten auf die bemehlte Arbeitsfläche setzen, kräftig mit Weizenmehl bestäuben und mit einem trockenen Tuch abdecken. Den Teig erneut etwa 1 Std. gehen lassen.

**4.** Etwa 30 Min. vor Ende der Gehzeit den Backstein oder ein Backblech in den Backofen (Mitte) schieben. Eine kleine Auflaufform etwa 1 cm hoch mit Wasser befüllen und auf den Boden des Backofens stellen. Den Backofen auf 250 °C Umluft vorheizen.

**5.** Die Brote mit einem scharfen Messer nach Lust und Laune ca. 5 mm tief einschneiden. Die Laibe mittels Brotschieber oder Küchenbrett auf den Backstein bzw. das vorgeheizte Blech setzen. Die Ofentür möglichst rasch schließen. Nach 10 Min. Backzeit die Temperatur auf 180 °C senken und die Brote in 40–45 Min. fertig backen. Auf einem Kuchengitter mit einem trockenen Leinentuch bedeckt einen Tag nachreifen lassen.

## GUT ZU WISSEN

**Kastanienmehl** besteht aus vollständig getrockneten und anschließend fein vermahlenen Maroni. Das leicht süß und nussig schmeckende Mehl stellte zu Zeiten, als Getreidemehl und Zucker rar und teuer waren, einen kostengünstigen Ersatz für ärmere Leute dar. Heute schätzen wir seine anderen Qualitäten: Kastanienmehl hat einen hohen Anteil an Kohlenhydraten und Mineralstoffen und ist komplett glutenfrei. Da ihm das Klebereiweiß fehlt, sollte man für Brotrezepte nicht mehr als 20 % des Getreidemehls durch Kastanienmehl ersetzen. Kuchen, Mehlspeisen und sogar Nudelteig lassen sich dagegen wunderbar auch nur mit Kastanienmehl zubereiten – die perfekte und etwas extravagantere Alternative für Menschen mit einer Weizen- oder Glutenunverträglichkeit.

# Karnische Kürbisbrötchen

FÜRS SONNTAGSFRÜHSTÜCK

## Zutaten

*für 8 Brötchen*
*benötigte Zeit: 50 Min. Zubereitung, 1 Std. 15 Min. Gehen, 30 Min. Backen*

***Für den Teig:***

*150 g Kürbis (geputzt gewogen)*
*250 g Wiener Grießler*
*250 g Weizenmehl (Type 550), ersatzweise Dinkelmehl (Type 630)*
*20 g frische Hefe*
*20 g Zucker*
*7 g Salz*
*10 ml Olivenöl*
*30 g Butter*
*1 Ei (M)*

***Außerdem:***

*Wiener Grießler zum Arbeiten*

**TIPP**

Damit die Kürbisbrötchen ihre schöne Farbe bekommen, sollte man **Kürbissorten** mit orangenem Fruchtfleisch verwenden. Geeignete Sorten sind: Hokkaido, Butternut-Kürbis, Sweet Grey, Howden, Langer von Nizza, Long Island Cheese, Marble, Marina di Chioggia, Moschata de Provence und Ungarischer Bratkürbis. Beim Hokkaido können Sie sogar die Schale mit verwenden!

**1.** Backofen auf 150 °C Umluft vorheizen. Kürbis grob würfeln, in eine kleine Auflaufform geben und im heißen Ofen in 30–35 Min. weich garen. Auskühlen lassen.

**2.** Beide Mehle mischen und in eine Schüssel sieben. In der Mitte eine Mulde formen. Die Hefe in 50 ml handwarmem Wasser auflösen und in die Mulde geben. Etwas Mehl vom Rand darüberstäuben. Den Vorteig mit einem feuchten Tuch abdecken und ca. 15 Min. reifen lassen.

**3.** Das gegarte Kürbisfleisch durch eine Kartoffelpresse drücken und mit den restlichen Zutaten sowie 50 ml handwarmem Wasser zum Vorteig geben. Alles locker vermengen, auf eine Arbeitsfläche stürzen und zu einem weichen, geschmeidigen Teig verkneten. Den Teig wieder in die Schüssel legen, mit dem feuchten Tuch bedecken und 45 Min. gehen lassen.

**4.** Ein Backblech mit Wiener Grießler bestäuben. Aus dem Teig 8 gleich große Portionen abstechen und zu glatten Kugeln schleifen (d. h., in der hohlen Hand und mit etwas Druck auf der Arbeitsfläche kreisen lassen, bis die Oberfläche glatt und gewölbt ist). Die Teiglinge mit etwas Abstand zueinander auf das Blech setzen und nochmals 30 Min. gehen lassen.

**5.** Währenddessen den Backofen auf 240 °C Umluft vorheizen. Am Ende der Gehzeit die Teiglinge in den Ofen (Mitte) schieben, die Temperatur auf 200 °C senken und die Kürbisbrötchen in 25–30 Min. goldbraun backen. Auf einem Kuchengitter abkühlen lassen.

# Schüttelbrot

FÜR DEN VORRAT

## Zutaten

*für 6 Brote*
*benötigte Zeit: 30 Min. Zubereitung, 1 Std. 50 Min. Gehen, 25 Min. Backen*

***Für den Teig:***
*350 g Roggenmehl (Type 997)*
*150 g Weizenmehl (Type 550), ersatzweise Dinkelmehl (Type 630)*
*50 g Vollkorn-Roggenmehl*
*15 g frische Hefe*
*125 g Buttermilch*
*je ½ TL Kümmel, Anis- und Fenchelsamen*
*1 TL Korianderkörner*
*½ TL gemahlener Bockshornklee*
*10 g feines Steinsalz*

***Außerdem:***
*Weizenmehl zum Arbeiten*

### TIPP

Traditionell wird das Schüttelbrot für den Vorrat gebacken und an einem luftigen, trockenen Ort, etwa auf dem Dachboden oder in einer Vorratskammer, getrocknet. Dazu die Brote wie Bücher mit Abstand zueinander in einen Vorratsschrank schichten und vor Mäusen und anderen Schädlingen geschützt aufbewahren. Natürlich können Sie das Schüttelbrot auch frisch gebacken genießen!

**1.** Roggen-, Weizen- und Vollkorn-Roggenmehl in eine Rührschüssel geben und gut miteinander vermischen. In der Mitte eine Mulde formen.

**2.** Die Hefe mit 50 ml handwarmem Wasser und der Buttermilch glatt rühren und in die Mulde gießen. Gewürze, Salz und 350 ml handwarmes Wasser hinzufügen und alle Zutaten mit den Knethaken des Handrührgeräts oder in der Küchenmaschine ca. 10 Min. verkneten.

**3.** Die Rührschüssel mit einem feuchten Tuch abdecken und den Teig an einem warmen Ort (ca. 25 °C) 1 Std. 30 Min. gehen lassen. Etwa 30 Min. vor Ende der Gehzeit den Backofen auf 210 °C Umluft vorheizen.

**4.** Drei Bögen Backpapier mit einer Schere halbieren und mit Mehl bestäuben. Teig in sechs gleiche Portionen teilen und diese jeweils auf ein Stück Backpapier setzen.

**5.** Die Teigstücke einzeln mittels Backpapier auf ein Küchenbrett ziehen und zu einem flachen Fladen schütteln. Hierzu das Backpapier mit dem Teig immer wieder leicht in die Luft werfen und mit dem Brett auffangen. Die Teigfladen nochmals etwa 20 Min. gehen lassen.

**6.** Anschließend je 2 Fladen mit dem Backpapier auf ein Backblech geben und im vorgeheizten Ofen 20–25 Min. backen. Dank Umluft können auch 2 oder 3 Backbleche gleichzeitig in den Ofen geschoben werden.

# Vinschger Paarlen

## MIT SCHABZIGERKLEE

### Zutaten

*für 6 Brotpaare; benötigte Zeit: 35 Min. Zubereitung, 2 Std. 40 Min. Gehen, 1 Std. 30 Min. Backen*

***Für den Teig:***

*450 g Roggenmehl (Type 997)*
*240 g Weizenmehl (Type 550)*
*15 g frische Hefe*
*3 EL Milch*
*2 TL Fenchelsamen*
*1 TL Kümmel*
*1 TL gemahlener Schabzigerklee*
*1 TL Waldhonig*
*10 g feines Meersalz*
*80 g flüssiger Sauerteig (Fertigprodukt)*

***Außerdem:***

*Roggenmehl zum Arbeiten*

### MEHR DARAUS MACHEN

Vinschgerlbrot ist ein Must-have bei jeder ordentlichen Südtiroler Speck- und Käsejause. Aus diesem Brotteig springen auch 12–16 kleine Vinschgerl heraus; diese dann nur 18–20 Min. bei 200 °C backen. Wer möchte, kann auch 2 große Laibe daraus machen, dann verlängert sich die Backzeit bei 200 °C auf etwa 50 Min.

**1.** Beide Mehlsorten in einer großen Schüssel sorgfältig mischen. In einem kleinen Schälchen die Hefe in handwarmer Milch auflösen, mit etwas Mehl zu einem cremigen Teig verrühren und etwa 15 Min. reifen lassen.

**2.** Fenchelsamen und Kümmel im Mörser grob zerstoßen. Hefemilch, Gewürze, Honig und Salz mit 450 ml handwarmem Wasser zur Mehlmischung geben und locker vermengen. Zuletzt den Sauerteig unterrühren.

**3.** Den noch recht weichen und klebrigen Teig aus der Schüssel auf die Arbeitsfläche stürzen und mindestens 12–15 Min. geduldig ziehen, falten und kneten. Dabei kein zusätzliches Mehl verwenden. Den Teig wieder in die Schüssel geben, mit einem feuchten Tuch bedecken und etwa 2 Std. bei Raumtemperatur gehen lassen.

**4.** Dann aus dem weichen Teig 12 etwa gleich große Stücke abstechen und mit bemehlten Händen zu runden Laiben formen. Die kleinen Laibe auf die gut bemehlte Arbeitsfläche setzen, zu sechs Paaren zusammenfügen und erneut bestäuben. Mit einem trockenen Küchentuch bedecken und weitere 30–40 Min. gehen lassen.

**5.** Inzwischen ein Backblech in den Backofen (Mitte) schieben. Eine kleine Auflaufform etwa 1 cm hoch mit Wasser befüllen und auf den Boden des Ofens stellen. Den Backofen auf 250 °C (keine Umluft!) vorheizen.

**6.** Je zwei Vinschgerpaare auf ein Backpapier setzen. Die Brote nacheinander auf das Backblech setzen, die Ofentüre rasch schließen, die Temperatur auf 200 °C senken und die Brote jeweils 25–30 Min. backen.

Vinschger Paarlen (rechts) bleiben durch den hohen Roggenanteil mehrere Tage frisch. Deutlich länger haltbar ist das hart gebackene, knusprige Schüttelbrot (oben). Beides stammt aus Südtirol.

# Mohnflösserl

AUCH MOHNSTRIEZERL ODER MOHNZÖPFERL GENANNT

**Zutaten**

*für 10 Stück*

*benötigte Zeit: 40 Min. Zubereitung, 1 Std. 20 Min. Gehen, 17 Min. Backen*

***Für den Teig:***

*60 ml Milch*
*2 EL Butter*
*1 TL Zucker*
*15 g frische Hefe*
*10 g Roggenmalz (aktives Backmalz; aus dem Bioladen)*
*8 g feines Salz*
*400 g Weizenmehl (Type 405)*

***Außerdem:***

*Mehl zum Arbeiten*
*10 EL Mohnsamen zum Wälzen*

**1.** Milch und Butter handwarm erwärmen, die Butter dabei schmelzen lassen. Beides mit Zucker und 150 ml lauwarmem Wasser in eine Schüssel geben. Die Hefe hineinbröckeln und alles gut verrühren. Zuletzt das Backmalz, Salz und Mehl hinzufügen und untermengen.

**2.** Teig auf die Arbeitsfläche stürzen und 10–15 Min. glatt verkneten. Nun wieder in die Schüssel geben, mit einem feuchten Tuch bedecken und mindestens 1 Std. gehen lassen.

**3.** Am Ende der Gehzeit den Teig auf der Arbeitsfläche kurz verkneten und in 10 gleich große Portionen schneiden. Die Teigstücke zunächst zu Kugeln und in der Folge zu etwa 40 cm langen Strängen formen.

**4.** Aus einem der Stränge zunächst eine einfache Schlinge formen, bei der das nach links oben weisende, deutlich längere Ende unter dem kürzeren Ende liegt (1).

**5.** Nun das überstehende lange Teigende nach rechts unter der Schlinge hindurchfädeln (2).

**6.** Anschließend den unteren Teil der Schlinge von links nach rechts zu einem Achter umschlagen (3).

**7.** Zuletzt das überstehende Teigende von oben in die gedrehte Schleife fädeln und leicht andrücken (4). Und schon ist das erste Mohnflösserl fertig! Aus den übrigen Teigsträngen 9 weitere Mohnflösserl flechten.

**8.** Zwei Backbleche mit Backpapier auslegen. Den Mohn auf einem flachen Teller ausstreuen und glatt streichen. Die Flösserl mit kaltem Wasser bepinseln und mit der Oberseite behutsam in den Mohn drücken. Dann mit etwas Abstand auf die vorbereiteten Backbleche setzen und den Teig nochmals 20 Min. gehen lassen.

**9.** Inzwischen den Backofen auf 210 °C Umluft vorheizen. Die Flösserl im heißen Ofen 15–17 Min. backen, dann herausnehmen und abkühlen lassen.

### GUT ZU WISSEN

**Aktives Backmalz** wird für Kleingebäck aus Weizen und Dinkel verwendet (0,5–3 % der gesamten Mehlmenge). Es sorgt für eine lockere und feuchte Krume und eine rösche Kruste. **Inaktives Backmalz** eignet sich für Mehlsorten mit einer hohen enzymatischen Eigenaktivität (z. B. Gebäck mit einem höheren Roggenmehlanteil) und verleiht den Backwaren einen malzigen Geschmack und eine schöne Färbung.

# Schuastabuam

HERZHAFTE ROGGENBRÖTCHEN

## Zutaten

*für 12 Stück*

*benötigte Zeit: 40 Min. Zubereitung, 3 Std. Anspringen, 16 Std. Reifen, 1 Std. 30 Min. Gehen, 18 Min. Backen*

***Für den Sauerteig:***

*150 g Vollkorn-Roggenmehl*

*16 g Anstellgut (siehe Seite 158)*

***Für den Vorteig:***

*140 g Weizenmehl (Type 1050)*

*1 g frische Hefe*

***Für das Quellstück:***

*2 TL gemahlener Kümmel*

***Für den Hauptteig:***

*340 g Weizenmehl (Type 1050)*

*100 g Roggenmehl (Type 1150)*

*10 g frische Hefe*

*10 g Roggenmalz (inaktives Backmalz; aus dem Bioladen)*

*14 g feines Salz*

***Außerdem:***

*Roggenmehl zum Wälzen*

**1.** Für den Sauerteig Mehl, 140 ml handwarmes Wasser und Anstellgut in einem gläsernen Gefäß vermischen. Den Ansatz bei einer Temperatur von 22–24 °C und locker aufgelegtem Deckel 15–16 Std. reifen lassen.

**2.** Für den Vorteig das Mehl und die Hefe in eine Schüssel geben und mit 115 ml handwarmem Wasser verrühren. Den Teig mit Frischhaltefolie abdecken, 2–3 Std. bei Raumtemperatur anspringen und dann zugedeckt 15–16 Std. im Kühlschrank reifen lassen.

**3.** Für das Quellstück Kümmel und 2 EL Wasser in eine kleine Tasse geben, mit Frischhaltefolie abdecken und 15–16 Std. im Kühlschrank quellen lassen.

**4.** Am nächsten Tag den Vorteig 1 Std. vor der weiteren Zubereitung aus dem Kühlschrank nehmen. Für den Hauptteig beide Mehlsorten in einer Rührschüssel vermischen. Sauerteig und Vorteig dazugeben. Hefe in 20 ml warmem Wasser (ca. 30 °C) auflösen.

**5.** Hefewasser, Quellstück, Roggenmalz und Salz mit 200 ml warmem Wasser zur Mehlmischung geben und sämtliche Zutaten mit den Knethaken des Handrührgeräts bei geringer Geschwindigkeit vermengen.

**6.** Dann den Teig bei mittlerer Geschwindigkeit 6–7 Min. glatt verkneten. Anschließend wieder mit Frischhaltefolie abdecken und etwa 30 Min. gehen lassen.

**7.** Aus dem Teig 12 ca. 100 g schwere Portionen abstechen und zu runden Kugeln schleifen (d. h., in der hohlen Hand und mit etwas Druck auf der Arbeitsfläche kreisen lassen, bis die Oberfläche glatt und gewölbt ist).

**8.** Zwei Backbleche mit Backpapier auslegen. Die Teiglinge in Roggenmehl wälzen und mit dem Schluss nach oben mit etwas Abstand zueinander auf die vorbereiteten Backbleche setzen. Schuastabuam mit einem trockenen Tuch bedecken und 1 Std. gehen lassen.

**9.** Etwa 30 Min. vor Ende der Gehzeit eine kleine Auflaufform ca. 1 cm hoch mit Wasser befüllen und auf den Boden des Backofens stellen. Den Ofen auf 240 °C Umluft vorheizen. Die Bleche in den vorgeheizten Ofen schieben, die Temperatur auf 210 °C senken und die Brötchen in 17–18 Min. goldbraun backen.

# Pfennigmuckerln

**KLEIN, ABER OHO!**

## Zutaten

*für 18 Stück*
*benötigte Zeit: 30 Min. Zubereitung, 3 Std. Anspringen, 16 Std. Reifen, 1 Std. 30 Min. Gehen, 15 Min. Backen*

***Für den Sauerteig:***
*150 g Vollkorn-Roggenmehl*
*16 g Rogge-Anstellgut (siehe Seite 158)*

***Für den Vorteig:***
*140 g Weizenmehl (Type 1050)*
*1 g frische Hefe*

***Für den Hauptteig:***
*340 g Weizenmehl (Type 1050)*
*100 g Roggenmehl (Type 1150)*
*10 g frische Hefe*
*10 g Roggenmalz (inaktives Backmalz; aus dem Bioladen)*
*2 TL gemahlener Kümmel*
*14 g feines Salz*

***Außerdem:***
*Roggenmehl zum Wälzen*

**1.** Für den Sauerteig das Mehl, 150 ml handwarmes Wasser und das Anstellgut in einem gläsernen Gefäß vermischen. Den Ansatz bei einer Temperatur von 22–24 °C 15–16 Std. reifen lassen.

**2.** Für den Vorteig das Mehl und die Hefe in eine Schüssel geben und mit 140 ml handwarmem Wasser verrühren. Den Teig mit Frischhaltefolie abdecken, 2–3 Std. bei Raumtemperatur anspringen und dann zugedeckt 15–16 Std. im Kühlschrank reifen lassen.

**3.** Am nächsten Tag den Vorteig 1 Std. vor der weiteren Zubereitung aus dem Kühlschrank nehmen. Für den Hauptteig beide Mehlsorten in einer Rührschüssel vermischen. Sauerteig und Vorteig dazugeben. Hefe in 20 ml warmem Wasser (ca. 30 °C) auflösen.

**4.** Hefewasser, Roggenmalz, Kümmel und Salz mit 160 ml warmem Wasser zur Mehlmischung geben und sämtliche Zutaten mit den Knethaken des Handrührgeräts bei geringer Geschwindigkeit vermengen.

**5.** Dann den Teig bei mittlerer Geschwindigkeit 6–7 Min. kneten. Anschließend wieder mit Frischhaltefolie abdecken und etwa 30 Min. gehen lassen.

**6.** Aus dem Teig 18 ca. 70 g schwere Portionen abstechen und zu runden Kugeln schleifen (d. h., in der hohlen Hand und mit etwas Druck auf der Arbeitsfläche kreisen lassen, bis die Oberfläche glatt und gewölbt ist). Die Kugeln in eine leicht ovale Form bringen.

**7.** Zwei Backbleche mit Backpapier auslegen. Die Teiglinge in Roggenmehl wälzen und je 6 Stück im Abstand von 1 cm in einer versetzten Reihe auf die vorbereiteten Backbleche setzen. Der Schuss zeigt nach unten. Die Pfennigmuckerln mit einem trockenen Tuch bedecken und den Teig nochmals knapp 1 Std. gehen lassen.

**8.** Etwa 30 Min. vor Ende der Gehzeit eine kleine Auflaufform ca. 1 cm hoch mit Wasser befüllen und auf den Boden des Backofens stellen. Den Ofen auf 240 °C Umluft vorheizen. Das Blech in den vorgeheizten Ofen schieben, die Temperatur auf 210 °C senken und die Brötchen in ca. 15 Min. goldbraun backen.

Ob Pfennigmuckerln (oben), Salzstangerl (rechts oben) oder Schwäbische Seelen (rechts unten) – gebacken aus den besten Zutaten trumpfen sie alle bei einer deftigen Brotzeit so richtig auf!

# Salzstangerl

TRADITIONELLES JAUSENGEBÄCK

## Zutaten

*für 12 Stück*

*benötigte Zeit: 1 Std. 15 Min. Zubereitung, 1 Std. Anspringen, 16 Std. Reifen, 55 Min. Gehen, 20 Min. Backen*

***Für den Vorteig:***

*65 g Weizenmehl (Type 550)*
*1 g frische Hefe*

***Für den Hauptteig:***

*60 ml Milch*
*10 g Butter*
*13 g frische Hefe*
*430 g Weizenmehl (Type 550)*
*10 g Gerstenmalz (aus dem Bioladen)*
*8 g feines Steinsalz*

***Außerdem:***

*Mehl zum Arbeiten*
*Hagelsalz und Kümmel zum Bestreuen*

**1.** Für den Vorteig das Mehl und die Hefe in eine Schüssel geben und mit 65 ml kaltem Wasser verrühren. Den Teig mit Frischhaltefolie abdecken, etwa 1 Std. bei Raumtemperatur anspringen und dann zugedeckt 15–16 Std. im Kühlschrank reifen lassen.

**2.** Am nächsten Tag den Vorteig 1 Std. vor der weiteren Zubereitung aus dem Kühlschrank nehmen. Milch und Butter in einem kleinen Topf handwarm erwärmen, die Butter dabei schmelzen lassen. Die Hefe in einer kleinen Schale in 20 ml handwarmem Wasser auflösen.

**3.** Für den Hauptteig das Mehl in eine Rührschüssel geben. Milch und Butter, Hefewasser und Vorteig hinzufügen. Zuletzt Gerstenmalz und Steinsalz dazugeben und alles mit den Knethaken des Handrührgeräts bei moderater Geschwindigkeit 4–5 Min. lang vermengen.

**4.** Anschließend den Teig bei mittlerer Geschwindigkeit in 8–10 Min. glatt verkneten. Dann auf die bemehlte Arbeitsfläche stürzen, mit einem trockenen Tuch abdecken und ca. 15 Min. ruhen lassen.

**5.** Aus dem Teig 12 etwa 70 g schwere Portionen abstechen, mit dem Tuch bedecken und weitere 10 Min. ruhen lassen, damit der Teig wieder elastisch wird. Danach die Teigstücke ordentlich mit Mehl bestäuben und zu ovalen, ca. 3 mm dicken Fladen ausrollen.

**6.** Für ein Salzstangerl den zum Körper zeigenden, schmalen Teil eines Teigfladens mit Daumen und Zeigefinger der einen Hand festhalten. Mit dem Handballen der anderen Hand das obere, schmale Teigende mit leichtem Druck in Richtung Körper einrollen. Gleichzeitig mit Daumen und Zeigefinger am anderen Teigende ziehen, damit sich der Teig möglichst eng aufrollen lässt.

**7.** Aus den übrigen Teigstücken in gleicher Weise 11 weitere Salzstangerl formen. Zwei Backbleche mit Backpapier belegen. Stangerl mit dem Teigabschluss nach unten daraufgeben. Zugedeckt 20 Min. gehen lassen.

**8.** Inzwischen eine kleine Auflaufform ca. 1 cm hoch mit Wasser befüllen und auf den Boden des Backofens stellen. Den Ofen auf 240 °C Umluft vorheizen.

**9.** Am Ende der Gehzeit die Salzstangerl mit einem breiten, weichen Pinsel mit Wasser befeuchten und sofort mit Salz und Kümmel bestreuen. Wer möchte, kann stattdessen auch Mohnsamen oder Sesam verwenden.

**10.** Die Backbleche in den vorgeheizten Ofen schieben. Nach 5 Min. Backzeit die Temperatur auf 200 °C senken. Nach weiteren 10 Min. die Ofentüre kurz weit öffnen, um den Dampf entweichen zu lassen. Die Salzstangerl noch ca. 5 Min. backen, dann herausnehmen und auf einem Kuchengitter auskühlen lassen.

# Schwäbische Seelen

OHNE GEHT'S NICHT

## Zutaten

*für 8 Stück*

*benötigte Zeit: 1 Std. Zubereitung, 24 Std. Reifen, 22 Min. Backen*

***Für den Teig:***

*350 g Dinkelmehl (Type 630)*
*500 g Weizenmehl (Type 550)*
*7 g frische Hefe*
*2 TL Honig*
*16 g feines Steinsalz*

***Außerdem:***

*Mehl zum Arbeiten*
*Hagelsalz und Kümmel zum Bestreuen*

**1.** Für den Teig beide Mehlsorten in eine große Rührschüssel geben und vermischen. Die Hefe in einer kleinen Schale in 20 ml kaltem Wasser auflösen.

**2.** Das Hefewasser, den Honig und das Steinsalz sowie 580 ml kaltes Wasser zur Mehlmischung geben und alles mit den Knethaken des Handrührgeräts bei moderater Geschwindigkeit in 10–12 Min. vermischen und kneten. Anschließend den Teig in eine Schüssel geben und zugedeckt etwa 24 Std. im Kühlschrank reifen lassen.

**3.** Am nächsten Tag ein Backblech mit Backpapier belegen. Die Arbeitsfläche mit etwas Wasser befeuchten, den gegangenen Teig darauf stürzen und mit nassen Händen zu einem ca. 3 cm dicken Fladen flach drücken.

**4.** Die feuchten Hände an den Fingerspitzen aneinanderlegen, mit den Handkanten beider Hände kräftig in den Teig drücken und ein 4–5 cm dickes, längliches Teigstück nach unten wegziehen und »abstechen«. So erhalten die Seelen ihre typische »unordentliche« Form.

**5.** Das Teigstück etwas in die Länge ziehen und auf das vorbereitete Backblech legen. Aus dem übrigen Teig in gleicher Weise 7 weitere Seelen formen. Die Teiglinge mit Wasser besprühen und sofort mit Kümmel sowie Brezelsalz bestreuen. Dann mit einem trockenen Tuch abdecken und nochmals 30 Min. gehen lassen.

**6.** Inzwischen eine kleine Auflaufform ca. 1 cm hoch mit Wasser befüllen und auf den Boden des Backofens stellen. Den Ofen auf 240 °C Umluft vorheizen.

**7.** Am Ende der Gehzeit das Backblech in den vorgeheizten Ofen (Mitte) schieben. Nach 10 Min. Backzeit die Temperatur auf 180 °C senken und die Seelen in 10–12 Min. fertig backen. Dann herausnehmen und auf einem Kuchengitter auskühlen lassen.

### MEHR DARAUS MACHEN

Für eine bunte Mischung verschiedener Schwäbischer Seelen im Brotkorb kann das Gebäck auch mit Fenchelsamen, Anissamen, dunklem und hellem Sesam, Leinsamen, Schwarzkümmel und Getreideflocken aller Art bestreut werden.

# Bayerische Brezen

ZÜNFTIGES ORIGINAL

## Zutaten

*für 12 Stück*
*benötigte Zeit: 1 Std. Zubereitung, 16 Std. Reifen, 1 Std. 20 Min. Gehen, 1 Std. Kühlen, 15 Min. Backen*

***Für den Vorteig:***
*120 g Weizenmehl (Type 550)*
*2 g frische Hefe*

***Für den Hauptteig:***
*480 g Weizenmehl (Type 550)*
*15 g frische Hefe*
*15 g Roggenmalz (aktives Backmalz; aus dem Bioladen)*
*12 g feines Salz*
*20 g zimmerwarme Butter*

***Für die Lauge:***
*20 g Natron (aus der Apotheke)*

***Außerdem:***
*Hagelsalz zum Bestreuen*

**1.** Für den Vorteig das Mehl und die Hefe in eine Rührschüssel geben und mit 75 ml kaltem Wasser verrühren. Anschließend mit den Knethacken des Handrührgeräts bei mittlerer Geschwindigkeit verkneten.

**2.** Den Vorteig mit Frischhaltefolie abdecken, etwa 1 Std. bei Raumtemperatur »anspringen« und dann zugedeckt 15–16 Std. im Kühlschrank reifen lassen.

**3.** Am nächsten Tag den Vorteig 1 Std. vor der weiteren Zubereitung aus dem Kühlschrank nehmen. Für den Hauptteig das Mehl in eine Rührschüssel geben. Die Hefe in 40 ml handwarmem Wasser auflösen.

**4.** Hefewasser und Vorteig mit Backmalz, Salz, Butter und 200 ml handwarmem Wasser zum Mehl geben und sämtliche Zutaten mit den Knethaken des Handrührgeräts auf niedriger Stufe gut vermengen.

**5.** Anschließend den Teig bei erhöhter Geschwindigkeit etwa 8 Min. glatt kneten. Dann mit einem feuchten Tuch bedecken und ca. 20 Min. ruhen lassen.

**6.** Den Teig in 12 gleich große Portionen teilen und zu glatten Kugeln schleifen (d. h., in der hohlen Hand und mit etwas Druck auf der Arbeitsfläche kreisen lassen, bis die Oberfläche glatt und gewölbt ist). Diese zu 60–70 cm langen, leicht bauchigen Strängen rollen (1).

**7.** Die einzelnen Teigstränge zu schönen Brezeln drehen (2, 3, 4), diese auf ein trockenes Küchentuch setzen und mit Frischhaltefolie bedeckt ca. 1 Std. gehen lassen. Im Anschluss zum Absteifen für 1 Std. in den Kühlschrank geben. Etwa 30 Min. vor Ende der Kühlzeit den Backofen auf 220 °C Umluft vorheizen.

**8.** Zwei Backbleche mit Backpapier auslegen. Für den Umgang mit der Lauge geeignete Handschuhe anziehen und eine Schutzbrille aufsetzen. In einem Topf Wasser und Natron verrühren. Die Teiglinge einzeln mit den behandschuhten Händen für genau 5 Sek. vollständig in die Lauge tauchen und auf die Backbleche verteilen.

**9.** Die Teiglinge mit Salz bestreuen, beide Bleche in den vorgeheizten Ofen schieben und die Brezeln in 12–15 Min. knusprig braun backen. Dann herausnehmen und auf einem Kuchengitter auskühlen lassen.

# Herzhaftes vom Blech

Es muss nicht immer Süßes sein! Ob Basler Zwiebelwähe, Vorarlberger Käsdönnala oder schwäbische Dinnete – hier kommen Freunde herzhaft-deftiger Kuchen voll auf ihre Kosten! Und da sich die meisten prima vorbereiten lassen und dann nur noch in den Ofen geschoben werden müssen, sind sie auch ideal für Gäste!

# Basler Zwiebelwähe

SCHMECKT NICHT NUR ZUM FASCHING

## Zutaten

*für 1 Springform mit ca. 20 cm Ø*
*benötigte Zeit: 45 Min. Zubereitung, 1 Std. Kühlen, 40 Min. Backen*

***Für den Teig:***
*100 g Schweizer Ruchmehl (Type 1100), ersatzweise Weizenmehl (Type 1050)*
*100 g Weizenmehl (Type 405)*
*Salz*
*90 g kalte Butter*
*1 Ei (M)*

***Für den Belag:***
*500 g Zwiebeln*
*60 g Schwarzgeräuchertes in Scheiben*
*50 g Butter*

***Für den Guss:***
*150 ml Milch (3,5 % Fett)*
*100 g Sahne (36 % Fett)*
*3 Eier (M)*
*Salz, Pfeffer*
*1 Prise frisch geriebene Muskatnuss*
*2 EL gehackte krause Petersilie*

***Außerdem:***
*Fett für die Form*

**1.** Für den Teig die Mehle und ½ TL Salz in einer Schüssel miteinander mischen, dann auf die Arbeitsfläche sieben und in der Mitte eine Mulde formen. Kalte Butter in Würfeln, 2 EL eiskaltes Wasser und das Ei in die Mulde geben, mit etwas Mehl vermengen und mit den Fingern zu dicken Streuseln zerreiben. Alles möglichst flott zu einem glatten Teig verkneten, in Frischhaltefolie wickeln und etwa 1 Std. im Kühlschrank ruhen lassen.

**2.** In der Zwischenzeit für den Belag die Zwiebeln schälen und in feine Ringe oder Streifen schneiden. Schwarzgeräuchertes in dünne Streifen schneiden.

**3.** Die Butter in einem großen Topf schmelzen, Zwiebeln und Speck zufügen und zugedeckt bei milder Hitze 25–30 Min. andünsten, ohne anzubräunen. Dabei die Zwiebeln mit einem Kochlöffel immer wieder umrühren.

**4.** Den Backofen auf 180 °C vorheizen. Für den Guss Milch und Sahne in einer Rührschüssel mit dem Schneebesen verquirlen, die Eier einzeln unterrühren. Die Masse mit Salz, Pfeffer und Muskat würzig abschmecken. Zuletzt die Petersilie zugeben und untermischen.

**5.** Die Form fetten. Den Teig auf der leicht bemehlten Arbeitsfläche rund ausrollen (32–34 cm Ø) und die Form damit auslegen. Den Teigrand an die Form andrücken, den Teigboden mit einer Gabel mehrmals einstechen.

**6.** Die Zwiebel-Speck-Mischung gleichmäßig über den Teig verteilen und mit dem Guss übergießen. Zwiebelwähe im vorgeheizten Ofen (unten) in ca. 40 Min. goldbraun backen und warm servieren.

### VARIANTE

Für eine Veggie-Version ohne Schwarzgeräuchertes eignen sich ein geräucherter Käse, Schweizer Bergkäse oder auch ein fester Käse von Ziege und Schaf. Diese einfach in kleine Würfel oder Streifen schneiden.

# Vorarlberger Käsdönnala

## WÜRZIGE KÄSEFLADEN MIT RHEINTALER KÄSE

**Zutaten** *für 1 Backblech (Innenmaße ca. 41 × 35 cm)*
*benötigte Zeit: 30 Min. Zubereitung, 1 Std. 20 Min. Gehen, 45 Min. Backen*

***Für den Hefeteig:***
*15 g frische Hefe*
*400 g Weizenmehl (Type 405)*
*Salz*
*1 EL Sonnenblumenöl*

***Für den Belag:***
*2 EL Butter*
*300 g Rheintaler Käse (ersatzweise Allgäuer Sennalpkäse)*
*350 g Zwiebeln*
*3 Eier (M)*
*4 EL Milch*
*Salz, Pfeffer*
*1 Prise frisch geriebene Muskatnuss*

***Außerdem:***
*Fett für das Blech*
*Mehl zum Arbeiten*

**1.** Für den Teig die Hefe in etwas handwarmem Wasser (50 ml) auflösen. Mehl und 1 TL Salz in einer Rührschüssel vermischen, Hefewasser, 200–250 ml lauwarmes Wasser und Öl unterrühren und alles auf der Arbeitsfläche mindestens 10 Min. zu einem glatten Teig verkneten. Den Teig in eine Schüssel legen, mit einem feuchten Tuch abdecken und ca. 1 Std gehen lassen.

**2.** In der Zwischenzeit 2 EL Butter in einem kleinen Topf schmelzen. Für den Belag den Käse grob reiben, die Zwiebeln schälen und fein hacken. Geriebenen Käse mit Zwiebeln, Eiern, der zerlassenen Butter und der Milch verrühren. Mit Salz, Pfeffer und Muskat würzen.

**3.** Die Fettpfanne mit Butter fetten. Den Hefeteig am Ende der Gehzeit auf der leicht bemehlten Arbeitsfläche auf die Größe des Backblechs ausrollen. Den Teig in die Fettpfanne legen, an den Rändern leicht in die Höhe drücken und nochmals 20 Min. gehen lassen.

**4.** Den Backofen auf 200 °C vorheizen. Die Zwiebel-Käse-Masse gleichmäßig auf dem Teig verteilen und das Käsdönnala im vorgeheizten Ofen in 40–45 Min. goldbraun backen. Am besten schmeckt’s warm.

**TIPP**

Der verwendete **Käse** sollte eine geschmeidige, aber noch schnittfeste Konsistenz haben. Darum ist ein 3–4 Monate gereifter Almkäse mit einem milden und buttrigen Geschmack geradezu ideal. Ein Käse, der sich wunderbar schmelzen lässt und beim Bräunen nicht bitter wird.

# Churer Fleischwähe

EIN STÜCK SCHWEIZER TRADITION

## Zutaten

*für 1 Springform mit ca. 30 cm Ø*
*benötigte Zeit: 45 Min. Zubereitung, 1 Std. Kühlen, 40 Min. Backen*

***Für den Teig:***
*350 g Weizenmehl (Type 405)*
*Salz*
*180 g kalte Butter*
*80 ml Milch*
*2 Eier (M)*

***Für die Füllung:***
*2 Brötchen vom Vortag*
*100 ml Milch*
*150 g Zwiebeln*
*60 g Räucherspeck*
*20 g Butter*
*2 EL Rapsöl*
*600 g Rinderhackfleisch*
*1 Schuss Rotwein (ersatzweise Rinderbrühe)*
*Salz, Pfeffer*
*100 g saure Sahne*
*1 TL getrockneter Majoran*
*1–2 EL gehackte Kräuselpetersilie*
*1 TL edelsüßes Paprikapulver*

***Außerdem:***
*Fett für die Form*
*Mehl zum Arbeiten*
*1 Ei zum Bestreichen*

**1.** Für den Teig das Mehl auf die Arbeitsfläche sieben und mit 1 gestrichenem TL Salz bestreuen. In der Mitte eine Mulde formen. Kalte Butter in Würfeln, Milch und Eier in die Mulde geben, mit etwas Mehl vermengen und mit den Fingern zu dicken Streuseln zerreiben. Alles möglichst flott zu einem glatten Teig verkneten, in Frischhaltefolie wickeln und ca. 1 Std. kühl stellen.

**2.** Die Brötchen in dünne Scheiben schneiden, in einer Schüssel mit Milch übergießen und einweichen lassen.

**3.** Zwiebeln schälen und mit dem Speck in feine Würfel schneiden. Die Butter in einer Pfanne erhitzen. Zwiebeln und Speck darin bei mittlerer Hitze zugedeckt goldgelb anrösten. Aus der Pfanne nehmen und beiseitestellen.

**4.** Nun das Öl in der Pfanne erhitzen. Hackfleisch scharf anbraten, mit Rotwein ablöschen und behutsam würzen.

**5.** Für die Füllung die eingeweichten Brötchen mit den Fingern zerzupfen und mit Zwiebeln, Hackfleisch, saurer Sahne und den Kräutern gründlich vermengen. Mit Salz,

Pfeffer und Paprikapulver kräftig abschmecken.

**6.** Den Backofen auf 200 °C vorheizen. Die Form fetten. Zwei Drittel des Teiges auf der leicht bemehlten Arbeitsfläche ca. 3 mm dick und rund (ca. 36 cm Ø) ausrollen. Die Form damit auslegen. Den Teigrand behutsam an die Form andrücken, den Teigboden mit einer Gabel mehrmals einstechen. Die Fleischmasse auf dem Teig verstreichen. Der Teigrand sollte ca. 2 cm überstehen.

**7.** Für den Deckel den restlichen Teig etwa 3 mm dick und rund (ca. 30 cm Ø) ausrollen. Das übrige Ei in einer kleinen Schüssel verquirlen. Den Teigdeckel auf die Fleischmasse legen. Den überstehenden Teigrand etwa 1 cm einrollen, nach innen über den Teigdeckel klappen und festdrücken. Den Teig mit einer Gabel mehrmals einstechen und mit dem verquirlten Ei bestreichen.

**8.** Fleischtorte in den heißen Ofen geben (unterste Schiene) und in 35–40 Min. goldbraun backen. Danach etwas abkühlen lassen und lauwarm servieren.

# Dinnete mit Kartoffeln, Lauch und Speck

SCHWÄBISCHER KLASSIKER AUS KNUSPRIGEM HEFETEIG

## Zutaten

*für 4 Personen*

*benötigte Zeit: 1 Std. Zubereitung, 1 Std. 50 Min. Gehen, 12 Min. Backen*

***Für den Hefeteig:***

*300 g Dinkelmehl (Type 630)*
*80 g Vollkorn-Dinkelmehl*
*Salz*
*10 g frische Hefe*

***Für den Belag:***

*400 g festkochende Kartoffeln*
*100 g Zwiebeln*
*20 g Butter*
*300 g Schmand*
*Salz, Pfeffer*
*1 Prise frisch geriebene Muskatnuss*
*1 Stück hellgrüner Lauch (ca. 10 cm lang)*
*60 g Räucherspeck*
*1 EL Kümmel*
*1 EL Fenchelsamen*

***Außerdem:***

*Mehl zum Arbeiten*
*40 g Butter*

**1.** Für den Teig die Hefe in etwas handwarmem Wasser (20 ml) auflösen. Beide Mehle mit ½ TL Salz in einer Schüssel vermischen, Hefewasser und 180 ml handwarmes Wasser hinzufügen und alles auf der Arbeitsfläche mindestens 10 Min. zu einem glatten Teig verkneten. Den Teig wieder in die Schüssel legen, mit einem feuchten Tuch abdecken und 1 Std. 30 Min. gehen lassen.

**2.** In der Zwischenzeit die Kartoffeln waschen, in einem Topf mit Wasser bedecken, dieses zum Kochen bringen und die Kartoffeln darin in ca. 30 Min. weich garen. Am Ende der Garzeit abgießen und ausdampfen lassen.

**3.** Für den Belag die Zwiebeln schälen, fein hacken. Die Butter in einer Pfanne erhitzen und die Zwiebeln darin bei geringer Hitze langsam bräunen. Zwiebeln mit Schmand verrühren und mit Salz, Pfeffer und Muskat abschmecken. Den Lauch waschen und in feine Ringe, den Speck in Würfel schneiden. Die abgekühlten Kartoffeln pellen und in etwa 3 mm dicke Scheiben schneiden.

**4.** Zwei Backbleche mit Backpapier auslegen. Den Hefeteig auf die leicht bemehlte Arbeitsfläche geben und kurz zusammenkneten, dann in 4 gleich große Stücke teilen und diese zu glatten Kugeln schleifen (d. h., in der hohlen Hand und mit etwas Druck auf der Arbeitsfläche kreisen lassen, bis die Oberfläche glatt und gewölbt ist).

**5.** Die Teigkugeln zu länglichen, 3–5 mm dicken Fladen ausrollen und auf die vorbereiteten Bleche legen. Die Teigflecken mit der Zwiebel-Schmand-Masse bestreichen und mit Kartoffelscheiben belegen. Lauchringe und Speckwürfel gleichmäßig darauf verteilen und zum Schluss alles mit Kümmel und Fenchel bestreuen. Den Teig 20 Min. gehen lassen.

**6.** Den Backofen auf 220 °C Umluft vorheizen. Die übrige Butter in einem kleinen Topf schmelzen. Dinnete mit zerlassener Butter beträufeln und gemeinsam im vorgeheizten Ofen 10–12 Min. backen. Mit frisch gemahlenem Pfeffer bestreuen und noch heiß servieren.

# Polentafladen mit Steinpilzen

WUNDERBAR FÜR DEN HERBST

## Zutaten

*für 4 Personen*
*benötigte Zeit: 50 Min. Zubereitung, 15 Min. Backen*

***Für die Polentafladen:***
*500 ml Gemüsebrühe*
*80–100 g grober Polentagrieß (traditionellerweise weißer Polentagrieß)*
*½ Bio-Zitrone*
*Salz*
*1 Prise frisch geriebene Muskatnuss*
*2 Eier (M)*

***Für den Belag:***
*2 Handvoll junge Salbeiblätter*
*150 g gut gereifter Montasio-Käse (ersatzweise alter Bergkäse)*
*200 g feste Steinpilze*
*120 g Schmand*
*2 EL Olivenöl*
*Salzflocken, Pfeffer (aus der Mühle)*

### VARIANTEN

Sollten keine frischen Steinpilze verfügbar sein, nehmen Sie einfach Champignons oder kleine Pfifferlinge. Es eignen sich auch dünne Scheiben einer Zucchini, feine Paprikastreifen oder gehobelte Karottenscheiben. Für eine ganz besondere Note sorgen ein paar hauchdünn gehobelte Trüffelscheiben oder ein paar Tropfen Trüffelöl.

**1.** Für die Fladen die Brühe in einem Topf aufkochen und den Polentagrieß unter Rühren einrieseln lassen. Die Polenta bei geringer Hitze in 15–20 Min. zu einem dicklichen Brei kochen. Dabei immer wieder umrühren.

**2.** Die Zitrone heiß waschen, abtrocknen und 1 Msp. Schale fein abreiben. Den Saft auspressen. Polenta in eine Schüssel geben, mit Zitronenschale, Salz und Muskat abschmecken und etwas abkühlen lassen.

**3.** In der Zwischenzeit für den Belag die Salbeiblätter waschen und trocken tupfen. Den Käse grob reiben. Die Steinpilze behutsam säubern, bei Bedarf mit Küchenpapier abreiben und in dünne Scheiben schneiden.

**4.** Den Backofen auf 200 °C vorheizen. Ein Backblech mit Backpapier auslegen. Die Eier in einer Schüssel verquirlen und unter die abgekühlte Polenta rühren. Die Masse zu 4 gleichen Portionen auf das Backpapier geben und zu länglichen Fladen verstreichen.

**5.** Polentafladen mit Schmand bestreichen und mit den Salbeiblättern belegen. Den geriebenen Käse und die Pilze gleichmäßig auf den Fladen verteilen.

**6.** Die Fladen mit Zitronensaft und Olivenöl beträufeln sowie mit Salz und Pfeffer übermahlen. Im vorgeheizten Ofen (2. Schiene von oben) in 12–15 Min. überbacken, dann auf vier Teller verteilen und heiß servieren.

# Mangold-strudel

## KNUSPRIG UND KRÄUTERWÜRZIG

### Zutaten

*für 4–6 Personen; benötigte Zeit: 50 Min. Zubereitung, 40 Min. Backen*

***Für die Füllung:***

*Salz*
*600 g Mangold (z. B. rot und gelb)*
*100 g Zwiebeln*
*1 Knoblauchzehe*
*3 EL Sonnenblumenöl*
*Pfeffer*
*je 2–3 Stängel verschiedener Kräuter (z. B. Petersilie, Melisse, Liebstöckel)*
*250 g Quark (20 % Fett)*
*1 Ei (M)*
*1 EL Weizengrieß*

***Für den Teig:***

*400 g Blätterteig (Fertigprodukt aus dem Kühlregal)*
*1 Eigelb*
*2 EL Milch*

### VARIANTE

Für eine deftigere und gehaltvollere Variante das Blätterteigrechteck mit Mangoldblättern und anschließend mit Scheiben von gekochtem Schinken oder Käsescheiben belegen. Dann das Mangoldgemüse auftragen, den Teig einrollen und den Strudel wie im Rezept beschrieben backen.

**1.** In einem Topf reichlich Salzwasser aufkochen. Den Mangold putzen und waschen. Die Blätter von Mittelrippen und Stielen lösen, kurz im kochenden Salzwasser blanchieren und anschließend sofort in eiskaltem Wasser abschrecken. Auf einem Küchentuch abtropfen lassen.

**2.** Mangoldstiele in 1–2 cm große Stücke schneiden. Zwiebeln und Knoblauch schälen, fein hacken. Das Öl in einem Topf erhitzen. Mangoldstücke, Zwiebeln und Knoblauch darin zugedeckt bei geringer Hitze ca. 15 Min. dünsten. Behutsam würzen und etwas abkühlen lassen.

**3.** Den Backofen auf 200 °C Umluft vorheizen. Ein Backblech mit Backpapier auslegen. Kräuter waschen, trocken schütteln, die Blätter abzupfen und fein hacken. Quark mit Ei, Grieß und Kräutern verrühren, abschmecken und mit dem Mangoldgemüse vermengen.

**4.** Blätterteig zu einem Rechteck (ca. 35 × 15 cm) ausrollen und mit Mangoldblättern belegen. Das Mangoldgemüse in einem 5–7 cm dicken Streifen auftragen. Blätterteig möglichst eng einrollen und mit der Naht nach unten auf das vorbereitete Backblech geben.

**5.** Eigelb und Milch verquirlen. Den Blätterteig oben im Abstand von 4–5 cm vorsichtig einschneiden und mit der Eigelb-Milch bestreichen. Strudel im Ofen (2. Schiene von unten) ca. 35–40 Min. backen und warm servieren.

Polentafladen (oben) und Mangoldstrudel (rechts) zählen zu den Verwandlungskünstlern. Je nach Tageslaune und Jahreszeit kann der Belag bzw. die Füllung immer wieder neu kombiniert werden.

# Krautstrudel mit Grammeln

SCHNELLES REZEPT

## Zutaten

*für 4–6 Personen*
*benötigte Zeit: 1 Std. Zubereitung, 20 Min. Ziehen, 40 Min. Backen*

*1 kleiner Weißkohl (ca. 500–600 g)*
*Salz*
*Pfeffer*
*½ TL Kümmel*
*1 Spritzer Apfelessig*
*150 g Zwiebeln*
*30 g Schweineschmalz*
*200 g Grieben (Grammeln)*
*1 Lorbeerblatt*
*300 g Blätterteig (Fertigprodukt aus dem Kühlregal)*

***Außerdem:***
*1 EL Schweineschmalz zum Bestreichen*

### GRIEBEN UND SCHMALZ

1 kg fetten Schweinerückenspeck ohne Schwarte in 2 cm große Würfel schneiden. 100 ml Wasser und ¼ TL Salz in einem breiten Topf aufkochen, die Speckwürfel zufügen und bei geringer Hitze schmelzen lassen. Die Grieben unter ständigem Rühren bräunen, in ein Sieb abschütten und das Schmalz in einem Tongefäß auffangen.

**1.** Den Kohl waschen, vom Strunk befreien, längs in etwa 3 cm breite Spalten schneiden und diese quer in feine Streifen schneiden. Kohlstreifen in einer großen Schüssel mit 1 TL Salz, frisch gemahlenem Pfeffer, Kümmel und Essig verkneten und 20 Min. ziehen lassen.

**2.** Zwiebeln schälen, halbieren und in Streifen schneiden. Das Schmalz in einer großen Pfanne erhitzen. Zwiebelstreifen darin bei mittlerer Hitze in ca. 7 Min. hellbraun anrösten, Grammeln zugeben und mit erhitzen.

**3.** Dann das Kraut und das Lorbeerblatt zufügen und etwa 10 Min. bei mittlerer Hitze andünsten. Kraut nochmals abschmecken und anschließend abkühlen lassen.

**4.** Den Backofen auf 200 °C Umluft vorheizen. Ein Backblech mit Backpapier auslegen. Den Blätterteig zu einem 30 × 20 cm großen Rechteck ausrollen.

**5.** Die Krautfüllung auf das vordere Drittel des Teiges verteilen und dabei links und rechts jeweils 2–3 cm Rand lassen. Den Strudel mit beiden Händen behutsam einrollen, sodass sich die Naht auf der Unterseite des Strudels befindet. Teigränder unter den Strudel falten.

**6.** Den Strudel auf das vorbereitete Backblech setzen und mit Schmalz einstreichen. Im vorgeheizten Ofen (Mitte) 35–40 Min. backen und heiß servieren. Dazu schmeckt Schmand, mit viel Schnittlauch verrührt.

# Blunzen-Erdäpfelkuchen

BAYERISCH DEFTIG

## Zutaten

*für 1 Tarteform mit 22 cm Ø*
*benötigte Zeit: 50 Min. Zubereitung, 1 Std. Kühlen, 50 Min. Backen*

***Für den Teig:***
*200 g Weizenmehl (Type 405)*
*Salz*
*80 g kalte Butter*
*1 Ei (M)*

***Für den Belag:***
*600 g festkochende Kartoffeln (Erdäpfel)*
*2 EL Schweineschmalz*
*150 g rote Zwiebeln*
*Salz, Pfeffer*
*300 g feste Blutwurst (Blunzen)*
*2 rote Äpfel*

***Für den Guss:***
*3 Eier (M)*
*100 g Sahne*
*100 g saure Sahne*
*2 TL scharfer Senf*
*1 TL getrockneter Majoran*
*1 Prise frisch geriebene Muskatnuss*
*Salz, Pfeffer*

***Außerdem:***
*Fett für die Form*
*Mehl zum Arbeiten*
*2 EL frischer Schnittlauch*

**1.** Für den Teig das Mehl auf die Arbeitsfläche sieben und mit ½ TL Salz bestreuen. In der Mitte eine Mulde formen. Kalte Butter in Würfeln, 100 ml eiskaltes Wasser und das Ei in die Mulde geben, mit etwas Mehl vermengen und mit den Fingern zu dicken Streuseln zerreiben. Alles möglichst flott zu einem glatten Teig verkneten, in Frischhaltefolie wickeln und ca. 1 Std. kühl stellen.

**2.** Für den Belag die Kartoffeln schälen, waschen und in ca. 3 mm dicke Scheiben schneiden. In einer Pfanne 1 EL Schweineschmalz erhitzen und die Kartoffelscheiben darin bei mittlerer Hitze goldbraun anbraten. Aus der Pfanne nehmen und beiseitestellen.

**3.** Zwiebeln schälen, klein würfeln. Übriges Schmalz in der Pfanne erhitzen und die Zwiebelwürfel darin bei mittlerer Hitze goldbraun anrösten. Kartoffeln zugeben, alles gut durchschwenken und mit Salz und Pfeffer würzen.

**4.** Blutwurst aus der Haut lösen und in ca. 5 mm dicke Scheiben schneiden. Die Äpfel waschen, trocknen und vierteln. Die Kerngehäuse entfernen und die Apfelviertel der Länge nach in dünne Scheiben schneiden.

**5.** Für den Guss die Eier mit Sahne, saurer Sahne und Senf in eine Schüssel geben und mit dem Schneebesen vermischen. Majoran und Muskat unterrühren. Mit Salz und Pfeffer pikant abschmecken.

**6.** Backofen auf 180 °C Umluft vorheizen. Die Form fetten. Den Teig auf der leicht bemehlten Arbeitsfläche rund ausrollen (26–27 cm Ø) und die Form damit auslegen. Den Teigrand an die Form andrücken, den Teigboden mit einer Gabel mehrmals einstechen.

**7.** Den Teig mit zwei Dritteln der Bratkartoffeln belegen. Blutwurst-, Apfelscheiben und übrige Bratkartoffeln dekorativ darauf schichten und mit dem Guss übergießen.

**8.** Blunzen-Erdäpfelkuchen im vorgeheizten Backofen (unterste Schiene) 45–50 Min. backen. Dann herausnehmen, mit Schnittlauch bestreuen und warm servieren.

# Gedeckter Lauch-Kartoffel-Kuchen

TRADITIONELLE »CHOLERA« AUS DEM WALLIS

**Zutaten**

*für 1 Springform mit 24 cm Ø*
*benötigte Zeit: 1 Std. Zubereitung, 1 Std. Kühlen, 50 Min. Backen*

***Für den Teig:***
*350 g Weizenmehl (Type 405)*
*Salz*
*130 g kalte Butter*

***Für die Füllung:***
*500 g festkochende Kartoffeln*
*150 g Zwiebeln*
*300 g Lauch*
*40 g Butter*
*Salz, Pfeffer*
*300 g Walliser Bergkäse (ersatzweise Allgäuer Bergkäse)*
*400 g säuerliche Äpfel (z. B. Boskop, Gloster, Berlepsch)*

***Außerdem:***
*Fett für die Form*
*Mehl zum Arbeiten*
*1 Eigelb*
*1 EL Milch*

**1.** Für den Teig das Mehl auf die Arbeitsfläche sieben und mit ½ TL Salz bestreuen. In der Mitte eine Mulde formen. Kalte Butter in Würfeln und 100 ml eiskaltes Wasser in die Mulde geben, mit etwas Mehl vermengen und zu dicken Streuseln zerreiben. Alles möglichst flott zu einem glatten Teig verkneten, in Frischhaltefolie wickeln und ca. 1 Std. kühl stellen.

**2.** In der Zwischenzeit die Kartoffeln waschen, in einem Topf mit

Wasser bedecken, dieses zum Kochen bringen und die Kartoffeln darin in ca. 30 Min. weich garen. Am Ende der Garzeit abgießen und ausdampfen lassen.

**3.** In der Zwischenzeit die Zwiebeln schälen, halbieren und in feine Streifen schneiden. Den Lauch putzen, gründlich waschen und in dünne Ringe schneiden. Die Butter in einem Topf erhitzen. Zwiebeln und Lauch darin bei mittlerer Hitze etwa 5 Min. andünsten. Mit Salz und Pfeffer behutsam würzen und abkühlen lassen.

**4.** Käse entrinden, Kartoffeln pellen. Den Käse in ca. 2 mm dicke, die Kartoffeln in ca. 3 mm dicke Scheiben schneiden. Das Kerngehäuse der Äpfel ausstechen. Die Äpfel schälen, halbieren und in Scheiben schneiden.

**5.** Die Form fetten. Von dem Teig ein kleines Stück für die Dekoration abschneiden. Zwei Drittel des übrigen Teiges auf der leicht bemehlten Arbeitsfläche ca. 3 mm dick und rund ausrollen (ca. 36 cm Ø). Die Form damit auslegen (1). Den Rand an die Form andrücken, den Teigboden mit einer Gabel mehrmals einstechen.

**6.** Die Hälfte der Lauch-Zwiebel-Mischung auf dem Teig verteilen und mit einer Schicht Kartoffeln bedecken. Kartoffeln mit Salz und Pfeffer bestreuen und mit einer Schicht Käse und Äpfeln belegen. Restliches Lauchgemüse darüber verteilen, mit Kartoffelscheiben belegen, würzen und mit Käse und Äpfeln abschließen.

**7.** Das Eigelb mit der Milch verquirlen. Den überstehenden Teigrand über die Füllung klappen und mit etwas Eigelb-Milch bestreichen (2). Für den Deckel restlichen Teig etwa 3 mm dick und rund ausrollen (ca. 24 cm Ø). Den Teigdeckel auf die Füllung legen (3), am Rand sorgfältig schließen und festdrücken.

**8.** In die Mitte des Teigdeckels ein Loch mit 1,5 cm Ø stechen. Das kleine Teigstück etwa 2 mm dick ausrollen. Nach Wunsch Verzierungen ausschneiden und ausstechen. Den Deckel mit Eigelb-Milch bestreichen, die Verzierungen aufkleben (4) und ebenso bestreichen.

**9.** Die Cholera im vorgeheizten Ofen (Mitte) in ca. 50 Min. backen. Schmeckt warm serviert mit einem knackigen Salat als Hauptspeise. Der kalte Kuchen eignet sich als Jause für eine Wanderung oder fürs Büro.

# SACHREGISTER

# REZEPTREGISTER

## N



## O/P



## Q/R



## S

# BÜCHER UND ADRESSEN

## Weiterführende Literatur

### Backen

*Geißler, Lutz:* **Lutz Geißlers Almbackbuch: Die besten Brotrezepte und -geschichten von der Kalchkendlalm.** Verlag Eugen Ulmer, Stuttgart; 2020

*Lechner, Florian:* **Das Hüftgold-Backbuch.** BLV, München; 2016

*Schweiger, Franziska:* **Weihnachtsbäckerei.** Gräfe und Unzer Verlag, München; 2014

*Stuber, Hedwig Maria:* **Ich helf dir backen.** BLV, München; 2018

*Wagenstaller, Annelie:* **Das Mühlen-Backbuch.** BLV, München; 2015

*Wagenstaller, Annelie:* **Natürlich backen mit Urgetreide.** BLV, München; 2017

*Zauner, Josef:* **Backen vom Feinsten.** BLV, München; 2017

### Einfach mal selber machen

*Casparek, Petra:* **Einmachen & Fermentieren.** Gräfe und Unzer Verlag, München; 2016

*Casparek-Türkkan, Erika; Casparek, Petra:* **Alles hausgemacht.** Gräfe und Unzer Verlag, München; 2011

*Franzén, Kristofer:* **Wurst selber machen.** BLV, München; 2016

*Hanghofer, Hubert:* **Gutes Bier selbst brauen.** BLV, München; 2016

*Hofmann, Susanne:* **Käse vom Feinsten.** BLV, München; 2013

*Lang, Ursula:* **Dörren, Trocknen & Kandieren.** BLV, München; 2016

*Lang, Ursula; Schierhorn, Annette:* **Fruchtwein, Liköre, Most & Säfte.** BLV, München; 2016

*Schersch, Ursula:* **Die Welt im Einmachglas.** Gräfe und Unzer Verlag, München; 2020

### Deftiges aus Bayern und der Alpenküche

**100 bayerische Gerichte.** BLV, München; 2017

*Bingemer, Sandra; Gerlach, Hans:* **Alpenküche – Genuss und Kultur.** Gräfe und Unzer Verlag, München; 2007

*Hess, Reinhardt:* **Aus Omas Küche: Traditionsreiche Rezepte wiederentdeckt – so schmeckt's wie früher.** Gräfe und Unzer Verlag, München; 2008

*Höss-Knakal, Alexander:* **Kochen wie in Österreich.** Gräfe und Unzer Verlag, München; 2020

*Lechner, Florian:* **Die neue Bayrische Küche.** BLV, München; 2016

*Lechner, Florian; Timme, Tanja:* **Bayrische Tapas.** BLV, München; 2017

*Mayer, Katharina:* **Von Oma mit Liebe: Die besten Kuchentratsch-Rezepte.** Gräfe und Unzer Verlag, München; 2019

*Schlaipfer, Michael:* **Die Knödel-Revolution.** BLV, München; 2016

*Schuster, Monika; Cavelius, Anna:* **Servus Bayern: So schmeckt's dahoam.** Gräfe und Unzer Verlag, München; 2016

*Stuber, Brigitta:* **Bayerisch kochen.** Gräfe und Unzer Verlag, München; 2007

*Winter, Stefan; Hohenester, Georg:* **Das Original-Hütten-Kochbuch: Bergrezepte und alpine Lebensart.** BLV, München; 2019

### Bergbauern

*Messner, Reinhold:* **Reinhold Messner - Selbstversorger & Bergbauer.** BLV, München; 2017

# NÜTZLICHE LINKS

### Mehl und Backzutaten

www.drax-muehle.de
(hervorragendes Angebot an Mehlen)

www.wagenstallermuehle.de
(große Auswahl an Mehlen, Backzutaten, Brotgewürzen, Gärkörbchen etc.)

### Brotback-Profi

www.ploetzblog.de
(inspirierender und versierter Brotbackspezialist; wer ins Thema Sauerteig und Co. richtig tief einsteigen will, ist hier bestens beraten)

### Regionale Wirtschaft

www.alpenverein.de/huetten-wege-touren/huetteninfo/so-schmecken-die-berge/umwelt-kampagnen-ent wicklung-initiative_aid_10220.html

(DAV-Initiative zur Unterstützung der regionalen Wirtschaft im Alpenraum)

### Museen / Geschichte

www.obstbaumuseum.it

www.messner-mountain-museum.it/dolomites/museum/

www.alpenverein.de/Kultur/Museum

# ÜBER DEN AUTOR

Dem aus dem Tiroler Außenfern stammenden **Alexander Rieder** war es schon immer ein Anliegen, seine Leidenschaft für gutes Essen zu teilen. Seine Rezepte, mit einer großen Bandbreite von traditionell bis modern, sind dabei immer ein Genuss für Gaumen und Augen: Er absolvierte nach seiner traditionellen Lehre als Koch eine Ausbildung zum Grafiker und Illustrator und arbeitete für einen der bekanntesten Foodfotografen Deutschlands, den legendären Christian Teubner. Anschließend machte er sich selbstständig und pendelte als Fotoassistent und Foodstylist zwischen Paris und Frankfurt. Derzeit arbeitet er als Rezeptautor und Foodstylist in Wien für namhafte Zeitschriften und Verlage.

Für Back ma's konnte der gebürtige Tiroler in doppelter Hinsicht »seine Wurzeln« aufleben lassen: Die Rezepte, Klassiker, die wir alle mit der Küche des Alpenraums verbinden, wie auch Lieblingsrezepte aus seiner Kindheit hat er zeitgemäß interpretiert. Fotografiert wurden sie von seiner langjährigen Teubner-Kollegin, der Fotografin **Dorothée Gödert**, die die Backwaren in Zusammenarbeit mit der Konditorin **Anna Zacharias** ins schönste Licht gesetzt hat.

## Bildnachweis

**Umschlag:** Covermotiv Tina Kollmann, U4 Dorothée Gödert; **Foodfotografie:** Dorothée Gödert, Styling: Anna Zacharias; **Schmuckfotos: Mauritius**/Dirk Renckhoff 12, /Facinadora 159, /Leithan Partnership t/a The Picture Pantry 161-1, /Arina Habich 161-2; **Getty**/VICUSCHKA 4/5, /Martin Steinthaler 6/7, /GMVozd 8, /Oliver Rossi 9, /Westend61 13-1, /Hirurg 13-2, /Laura Ciapponi 18, /Mint Images 123, /eleonora galli 141, /Kentaroo Tryman 206, /Christoph Wagner 213; **Istock**/ Tinieder 99; **StockFood**/Eising Studio - Food Photo & Video 15, /Arnold Ritter 19, /Bernhard Winkelmann 23; **Manuel Zauner** 214 (Autorenporträt); **Leinenuntergrund:** shutterstock/All For You

# DIE KÖNNTEN SIE AUCH INTERESSIEREN.

ISBN 978-3-8354-1800-4

ISBN 978-3-8354-1453-2

ISBN 978-3-8354-1606-2

ISBN 978-3-8354-1896-7

ISBN 978-3-8354-1109-8

ISBN 978-3-8354-1967-4

Mehr von BLV auf **www.blv.de**

# IMPRESSUM



**Projektleitung:** Sonja Forster
**Lektorat:** Dr. Stefanie Gronau
**Korrektorat:** Andrea Lazarovici
**Umschlag und Layout:** independent Medien-Design, München: Horst Moser (Artdirection)
**Herstellung:** Petra Roth
**Satz:** griesbeckdesign, Dorothee Griesbeck, München
**Repro:** Longo AG, Bozen
**Druck:** Firmengruppe APPL, aprinta druck, Wemding
**Bindung:** Conzella, Pfarrkirchen

ISBN 978-3-96747-031-4

1. Auflage 2020

**Umwelthinweis:** Dieses Buch ist auf PEFC-zertifiziertem Papier aus nachhaltiger Waldwirtschaft gedruckt.

## Wichtiger Hinweis

Das vorliegende Buch wurde sorgfältig erarbeitet. Dennoch erfolgen alle Angaben ohne Gewähr. Weder Autor noch Verlag können für eventuelle Nachteile oder Schäden, die aus den im Buch vorgestellten Informationen resultieren, eine Haftung übernehmen.

GRÄFE UND UNZER

*Ein Unternehmen der*
GANSKE VERLAGSGRUPPE

blv

**Liebe Leserin und lieber Leser,**

wir freuen uns, dass Sie sich für ein BLV-Buch entschieden haben. Mit Ihrem Kauf setzen Sie auf die Qualität. Kompetenz und Aktualität unserer Bücher.
Dafür sagen wir Danke! Ihre Meinung ist uns wichtig, daher senden Sie uns bitte Ihre Anregungen, Kritik oder Lob zu unseren Büchern. Haben Sie Fragen oder benötigen Sie weiteren Rat zum Thema? Wir freuen uns auf Ihre Nachricht!

Wir sind für Sie da!
Montag–Donnerstag:
9.00–17.00 Uhr
Freitag:
9.00–16.00 Uhr

Telefon: 00800 / 72 37 33 33*
Telefax: 00800 / 50 12 05 44*
Mo–Do: 9.00–17.00 Uhr
Fr: 9.00–16.00 Uhr
(*gebührenfrei in D, A, CH)
E-Mail: leserservice@graefe-und-unzer.de

GRÄFE UND UNZER Verlag
Leserservice
Postfach 860313
81630 München

## Backofenhinweis

Die Backzeiten können je nach Herd variieren. Die Temperaturangaben in unseren Rezepten beziehen sich auf das Backen im Elektroherd mit Ober- und Unterhitze und können bei Gasherden oder Backen mit Umluft abweichen. Details entnehmen Sie bitte Ihrer Gebrauchsanweisung.